KB003883

일빵빵 한글로 배우는 중국어 회화 편

**일빵빵**
한글로 배우는 중국어 회화 편

2019년 9월 16일 초판 1쇄 발행

**지 은 이** | 일빵빵 어학 연구소
**펴 낸 이** | 서장혁
**기획편집** | 김연중
**디 자 인** | 정인호
**마 케 팅** | 한승훈, 안영림, 최은성

**펴 낸 곳** | 토마토출판사
**주    소** | 경기도 파주시 회동길 216 2층
**T E L** | 1544-5383
**홈페이지** | www.tomato-books.com
**E-mail** | support@tomato4u.com
**등    록** | 2012. 1. 11.
**I S B N** | 979-11-90278-02-7 (14720)

일빵빵 어학 연구소 지음

# 일빵빵 한글로 배우는

### 한글만 따라 읽으면 중국어 기초 완성!

# 중국어 회화편

토마토
출판사

# 일·빵·빵 한글로 배우는 중국어

▶ 인터넷과 스마트폰을 활용하여 언제, 어디서나 쉽게 공부할 수 있습니다.
▶ 초보자의 눈높이에 딱 맞는 필수 기초 동사만 모았습니다.
▶ 한글로 발음을 표기하여 중국어 발음과 기본 문장 표현을 쉽고 빠르게 습득할 수 있습니다.

일빵빵의 모든 강의는 Let's 일빵빵 어플을 통해 들을 수 있습니다

**스마트폰의 앱스토어 또는 플레이스토어에서**
**"일빵빵"을 검색해서 "Let's 일빵빵" 앱을 설치 후 청취하세요.**
일빵빵 공식 페이스북 | www.facebook.com/ilbangbang
일빵빵 공식 트위터 | www.twitter.com/ilbangbang
일빵빵 공식 인스타그램 | '일빵빵' 검색
일빵빵 공식 카카오스토리채널 | '일빵빵' 검색
일빵빵 공식 유튜브채널 | '일빵빵' 검색.
* 2019년부터 어플 운영 사정상 일빵빵 강의는 유료 청취로 전환될 수 있습니다.

## 학습 목표

현지에서 많이 사용되는 실생활 회화 표현들을 배우며, 한글 발음과 기호로
표시된 성조를 따라 읽음으로써 자연스러운 중국어 발음과 회화를 구사할 수
있도록 연습할 수 있습니다. 또한 중국어 기본 어법을 익힐 수 있습니다.

## 학습 방향

| | |
|---|---|
| **1** | **회화 익히기** |
| **2** | **문장 쪼개기** |
| **3** | **문장 연습하기** |
| **4** | **확인하기** |

## ✎ 발음 표현

자연스러운 중국어 발음 표현 구사를 위해 한글과 기호로 발음을 표기했습니다.

| 성모 | | 한글 발음 표현 |
|---|---|---|
| zhi | 쯜r | 권설음으로 혀를 말아 올려 발음하는 성모입니다. 알파벳'r'을 발음하듯, 혀를 입천장으로 말아 올리며 발음해 주세요. 이때, 입천장과 혀 사이에 약간의 공간을 두어 바람 빠지는 소리를 미세하게 느낄 수 있어야 합니다. |
| chi | 츨r | |
| shi | 슬r | |
| ri | 르r | |
| er | 얼r | |
| ü | 위 | 입을 동그랗게 유지하며 '위' 소리를 내어 주세요. |
| fo | f오 | 알파벳 'f'를 발음하듯, 윗니로 아랫입술을 살짝 깨물며 발음해 주세요. |

 성조 표기 · · ·

성조를 익히기 전에 자신의 평소 목소리 톤으로 '도레미파솔'을 소리 내어 봅시다.

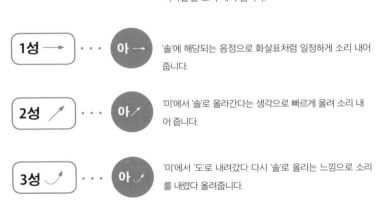

| 1성 → | · · · | 아 → | '솔'에 해당되는 음정으로 화살표처럼 일정하게 소리 내어 줍니다. |

| 2성 ↗ | · · · | 아 ↗ | '미'에서 '솔'로 올라간다는 생각으로 빠르게 올려 소리 내어 줍니다. |

| 3성 ↗ | · · · | 아 ↘↗ | '미'에서 '도'로 내려갔다 다시 '솔'로 올리는 느낌으로 소리를 내렸다 올려줍니다. |

3성 + 3성의 단어일 경우, 병음 표기할 때 성조 표기는 변하지 않지만 발음 시엔 앞의 3성을 2성으로 발음합니다. 그리하여 이 경우 책에서 한글 발음을 표기할 때, 앞의 3성을 2성으로 표기하였습니다.

| 뜻 | 한자 | 병음 및 성조 표기 | 한글 발음 표기 |
|---|---|---|---|
| 과일 | 水果 | shuǐguǒ | 슈r↗에이 구↗어 |

| 4성 ↘ | · · · | 아 ↘ | '솔'에서 '도'로 빠르게 떨어지듯 발음합니다. |

# 일·빵·빵 한글로 배우는 중국어

## 회화 편

# 너는 누구야?

## 1 회화 익히기

🔊

**A:** 쩔r, 싈r부싈r리리더찌아?

这儿, 是不是丽丽的家?

**B:** 싈r더, 니싈r 세r이?

是的, 你是谁?

**A:** 워 찌아오 찐씽민, 싈r 리리더펑요우.

我叫金星民, 是丽丽的朋友。

**B:** 니하오, 워싈r 리리더통우 덩이씨아 타 마샹r 라이.

你好, 我是丽丽的同屋。等一下她马上来。

**A:** 씨에시에.

谢谢。

| A: | 쩔r↘ | ① 실r↗부실r↘ | ② 리↘리더 찌→아? |
|---|---|---|---|
| | 여기 | ② 리리의 집 | ① 인가요, 아닌가요? |

| B: | 실r↘더 | 니↗실r↘ | 세r↗이? |
|---|---|---|---|
| | 맞아 | 너는 | 누구야? |

| A: | 워↗찌↘아오 | 찐→씽→민↗ | ① 실r↘ ② 리↘리더 펑↗요우 |
|---|---|---|---|
| | 내 이름은 | 김성민(이고) | ② 리리의 친구 ① 입니다 |

| B: | 니↗하↗오 | ① 워↗ ② 실r↘ | ③ 리↘리더 퉁↗우→ |
|---|---|---|---|
| | 안녕 | ① 나는 | ③ 리리의 룸메이트 ② 이야 |

| | 덩↗이씨↘아 | 타→ | 마↗샹r 라↗이 |
|---|---|---|---|
| | 조금만 기다려 | 그녀는 | 금방 와 |

| A: | 씨↘에시에 | | |
|---|---|---|---|
| | 감사합니다 | | |

---

A: 쩔r\, 실r\부실r\ 리\리더 찌→아?

这儿, 是不是丽丽的家?
**여기, 리리의 집**인가요, 아닌가요?

실r\부실r\        ...인가, 아닌가?

---

• 실r\부실r\ 워\더 빠→오?

是不是我的包?
**내 가방**인가, 아닌가?

• 실r\부실r\ 니\더 펑/요우?

是不是你的朋友?
**네 친구**인가, 아닌가?

• 부/실r\워\더, 실r\니\더 마?

不是我的, 是你的吗?
**내 거** 아닌데, **네 거**야?

---

📖 단어체크

빠→오 包 bāo 가방 | 펑/요우 朋友 péngyou 친구

**B:** 실r↘더, 니↗실r↘세r↗이?

是的，你是谁？
**맞아, 너는 누구야?**

세ㅣr↗이?          누구?

- 타→실r↘ 세r↗이?

  他是谁？
  **그는 누구야?**

- 타→실r↘ 세r↗이?

  她是谁？
  **그녀는 누구야？**

- 쩌r↘실r↘ 세r↗이더?

  这是谁的？
  **이것은 누구 거야?**

**A:** 워↗찌↘아오 찐→씽→민↗, 실r↘ 리↘리더 펑↗요우.

我叫金星民, 是丽丽的朋友。
**저는 김성민이라 하고, 리리의 친구입니다.**

찌↘아오

(...라고)부르다

(...누구를)부르다

- 니↗찌↘아오 션r↗머 밍↗쯔?

  你叫什么名字?
  **네 이름은 뭐야? (너의 이름은 뭐라고 불리니?)**

- 워↗씽↘왕↗ 찌↘아오 밍↗위↘에.

  我姓王叫明月。
  **성은 왕 씨이고 이름은 명월이야.**

- 니↗찌↘아오 워↗러 마?

  你叫我了吗?
  **나 불렀어?**

☑ 단어체크

─────────────────────────────────

션r↗머 什么 shénme 무엇? | 밍↗쯔 名字 míngzi 이름
씽↘ 星 xìng 성(이름) | 바 吧 ba 문장 맨 끝에 쓰여, 상의·제의·명령 등의 어기를 나타냅니다.

> **B:** 니↗하↘오, 워↗ 실r↘리↘리더통↗우→.
>
> 덩↗이씨↘아 타→마↗샹r 라↗이.
>
> 你好，我是丽丽的同屋。等一下他马上来。
>
> **안녕, 나는 리리의 룸메이트이야. 조금만 기다려 그녀는 금방 와.**
>
> 실r↘ …… 더          ...의...이다

• 타→실r↘ 펑↗요우더 난↗펑↗요우.

他是朋友的男朋友。

**그는 친구의 남자친구야.**

• 나↘실r↘ 워↘더 츠r→어.

那是我的车。

**저것은 나의 자동차야.**

• 니↗실r↘ 쇼r↗우얼r↘ 따↘슈↗에더 슈↗에셩r마?

你是首尔大学的学生吗?

**너는 서울대학교(의) 학생이야?**

---

츠r→어 车 chē 자동차 | 쇼r↗우얼r↘ 首尔 shǒuěr 서울
따↘슈↗에 大学 dàxué 대학교 | 슈↗에셩r 学生 xuésheng 학생

17

> **B:** 니↗하↘오, 워↗실r 리↘리더퉁↗우→.
> 덩↗이↘씨→아 타→마↗샹r 라↗이.
>
> 你好，我是丽丽的同屋。 等一下他马上来。
> 안녕, 나는 리리의 룸메이트이야. 조금만 기다려 그녀는 금방 와.

> 덩↗                           기다리다 /...등등

- 칭↘샤r→오 덩↗.

  请稍等。
  조금만 기다려주세요.

- 워↗ 쉬→야↘오 덩↗ 지↗f언→쫑r→?

  我需要等几分钟?
  저 몇 분 기다려야 하나요?

- 워↗마↗이러 헌↗뚜→어 인↗리↘아오. 크↗어러↘,
  슈↘에삐↘, 카→f에→이 덩↗.

  我买了很多饮料。可乐、雪碧、咖啡等。
  나는 콜라, 사이다, 커피 등등 많은 음료를 샀다.

---

📖 단어체크

칭↘ 请 qǐng 부탁하다 | 샤r→오 稍 shāo 조금 | 쉬→야↘오 需要 xūyào 필요하다 | 지↗ 几 jǐ 몇
f언→쫑r→ 分钟 fēnzhōng 분 | 마↗이 买 mǎi 사다 | 헌↗뚜→어 很多 hěnduō 매우 많다

**B:** 니✓하✓오, 워✓실r 리✓리더퉁✓우→.

덩✓이✓씨✓아 타→ 마✓샹r 라✓이.

你好. 我是丽丽的同屋. 等一下他马上来.
**안녕, 나는 리리의 룸메이트이야. 조금만 기다려 그녀는 금방 와.**

# 마✓샹r          곧 / 금방

- 끄→어그어 마✓샹r 후✓에이 라✓이.

  哥哥马上回来.
  **오빠는 곧 돌아와.**

- 쇼r✓우 찌→마✓샹r 시→우 하✓오.

  手机马上修好.
  **핸드폰 수리 곧 돼.**

- 워✓ 마✓샹r 찌✓어우 따✓오라.

  我马上就到啦.
  **나 곧 금방 도착해!**

끄→어그어 哥哥 gēge 오빠 | 후✓에이 라✓이 回来 huílái 돌아오다 | 쇼r✓우찌→ 手机 shǒujī 핸드폰
시→우 修 xiū 고치다 | 찌✓어우 就 jiù 금방 | 따✓오 到 dào 도착하다

**A:** 씨ㆍ에시에

谢谢。
감사합니다.

씨ㆍ에

감사합니다
고마워

- 워ノ 헌ノ 간ノ 씨ㆍ에 닌ノ.

我很感谢您。
**당신에게 매우** 감사합니다.

- 씨ㆍ에라!

谢啦!
고마워!

- 부ノ 용ㆍ 씨ㆍ에.

不用谢。
**고마워 할 거 없어~** (괜찮아.)

☑ 단어체크

헌ノ 很 hěn 매우 | 간ノ 씨ㆍ에 感谢 gǎnxiè 감사하다 | 닌ノ 您 nín 당신 | 부ノ 용ㆍ 不用 búyòng
할 필요 없다 | 라 啦 la '了'와 '啊'의 합음사 (완료된 상황에서 어미를 부가하여 문장을 부드럽게 합니다.)

여기, 리리의 집인가요, 아닌가요?

这儿, 是不是丽丽的家?

zhèr, shìbushìLìlidejiā?

---

맞아, 너는 누구야?

是的, 你是谁?

shìde, nǐshìshéi?

---

제 이름은 김성민이고, 리리의 친구입니다.

我叫金星民, 是丽丽的朋友。

wǒjiàoJīnxīngmín, shìLìlidepéngyou.

---

안녕, 나는 리리의 룸메이트야.
조금만 기다려 그녀는 금방 와.

你好, 我是丽丽的同屋。等一下他马上来。

nǐhǎo, wǒshìLìlidetóngwū. děngyixiàtāmǎshanglái.

---

감사합니다.

谢谢。

xièxie.

---

# 시원한 물 있어?

## 1 회화 익히기

**A:** 티엔 치 타이 르r어, 워 크어 쓰 러.

天气太热, 我渴死了。

**B:** 워 게이 니 따오 슈r에이.

我给你倒水。

**A:** 요우 삥더마?

有冰的吗?

**B:** 메이요우 삥더 딴싈r 요우 삥쿠r.

没有冰的但是有冰块儿。

**A:** 나머 워야오 찌아 삥쿠r.

那么我要加冰块儿。

| | | |
|---|---|---|
| **A:** | 티→엔치↘ | 타↘이 르r↘어 | 워↗ 크↗어 쓰↗러 |
| | 날씨 | 매우 덥다 | 나 목말라 죽겠어 |
| **B:** | 워↗ | ①게↗이②니↗ | 따↘오 ③ 슈r↗에이 |
| | 내가 | ②너에게 ③물 | 따라 ① 줄게 |
| **A:** | ①요↗우 | ② 삥→더 | ③마? |
| | ②시원한 물 | ① 있어 | ③? |
| **B:** | ①메↗이요↗우<br>②삥→ 더 | 딴↘실r↘ | ③ 요↗우④ 삥→콸r↘ |
| | ②시원한 물 ① 없어 | 근데 | ④얼음은 ③ 있어 |
| **A:** | 나↘머 | 워↗①야↘오 | 찌→아② 삥→콸r↘ |
| | 그럼 | 나②얼음 | 넣어 ① 줘 |

---

**A:** 티ー엔치ヽ 타ヽ이 르r\어, 워ノ크ノ어 쓰ノ러.

天气太热，我渴死了。
날씨 매우 덥다, 목말라 죽겠어.

타ヽ이  매우(많이)

---

- 니ノ 타ヽ이 꾸ヽ어 fヽ언 러.

你太过分了。
너 (많이) 너무해.

- 니ノ 쭈ヽ어 더 타ヽ이 콰ヽ이 라!

你做的太快啦！
너 (~일을) 하는 거 매우 빠르다!

---

**TIP!** 매우, 진짜, 엄청… 등의 정도를 의미하는 부사들의 차이점!

정도 = 很 hěn 헌ノ / 真的 zhēnde 쩐rー더 < 非常 fēicháng f에ー이창rノ < 太 tài 타ヽ이

'너 예쁘다. 혹은 진짜 예쁘다.'라고 표현할 때는 '很' 혹은 '真的'

'엄청 예쁘다.'는 '非常', 정도가 평균보다 넘칠 때에 '太'를 사용합니다.

---

☑ 단어체크

꾸ヽ어 fヽ언 过分 guòfèn 과분하다 | 쭈ヽ어 做 zuò ~를 하다 | 콰ヽ이 快 kuài 빠르다

**B:** 워↘게↗이 니↗ 따↘오 슈r↘에이.

我给你倒水。
**내가 너에게 물 따라 줄게.**

따↘오 [동사]    쏟다 / 붓다 / 따르다
따↘오 [형용사]    (상·하) 거꾸로 되다
따↘오 [부사]    ...지만, ...하지만(비교 대상 존재)

- 라→찌→통↘ 따↘오 씨↘아 러.

  垃圾桶倒下了。
  **쓰레기통을 쏟아버렸다. (쓰러트렸다.)**

- 니↗ 짜r↘오 피↘엔 따↘오 꾸↘어 라↗이 러.

  你照片倒过来了。
  **너 사진 뒤집어졌어.**

- 핑↗구↘어 쇼r↘우 찌→ 따↘오 팅↗하↘오 더,
  찌↘어우 실r↘ 요↗우 디↘엔 꾸↘에이.

  苹果手机倒挺好的，就是有点贵。
  **애플 핸드폰은 좋지만, (다른 물건에 비해) 좀 비싸다.**

 단어체크

라→찌→통↘ 垃圾桶 lājītǒng 쓰레기통 | 짜r↘오 피↘엔 照片 zhàopiàn 사진
핑↗구↘어 苹果 píngguǒ 사과[애플사] | 꾸↘에이 贵 guì 비싸다

A: 요↗우 삥→더 마?

有冰的吗?
**시원한 물 있어?**

요↗우 / 메↗이 요↗우     있다 / 없다

- 워↗ 요↗우 링↗치↗엔.

  我有零钱。
  **나 잔돈 있어.**

- 요↗우 메↗이 요↗우 후↘짜r↘오?

  有没有护照?
  **여권 있어, 없어?**

- 타→ 메↗이 요↗우 실r↗찌→엔.

  他没有时间。
  **그는 시간이 없다.**

☑ 단어체크

링↗치↗엔 零钱 língqián 잔돈 | 후→짜r↘오 护照 hùzhào 여권 | 실r↗찌→엔 时间 shíjiān 시간

**B:** 메↗이 요↘우 삥→더

딴↘실r↘ 요↘우 삥→쾰r↘.

没有冰的但是有冰块儿。
**시원한 물은 없어** 그렇지만 **얼음은 있어.**

...딴↘실r↘ ...

... 그러나...
...그렇지만...

**TIP!** 但是은 종종 '虽然... 但是' '비록 ... 하지만'으로도 사용됩니다.

- 워↘메↗이 요↘우 치↗엔 딴↘실r↘ 시↗앙 츨r→피→싸↘.

  我没有钱但是想吃披萨。
  **나 돈 없어** 그렇지만 **피자 먹고 싶어.**

- 딴↘실r↘ 니↗ 메↗이 요↘우 바.

  但是你没有吧。
  그렇지만 **너 없잖아.**

- 쑤→이란r↘ 워↘파↘ 딴↘실r↘ 워↗ 후↘에이 칸↘

  콩↗뿌↘ 띠↘엔잉↗.

  虽然我怕但是我会看恐怖电影。
  비록 **무섭지만 나 공포영화 볼 수 있어.**

☑ 단어체크

시↗앙 想 xiǎng ~하고 싶다ㅣ피→싸↘ 披萨 pīsà 피자ㅣ파↘ 怕 pà 무섭다
후↘에이 会 huì 할 수 있다 ㅣ콩↗뿌↘ 恐怖 kǒngbù 공포ㅣ띠↘엔잉↗ 电影 diànyǐng 영화

> **A:** 나↘머 워↗야↘오 찌→아 빵→콸r↘.
>
> 那么我要加冰块儿。
> 그러면 나 얼음 넣어 줘.

찌→아

더하다 / 넣다 /첨가하다
(영향을)주다

- 워↗ 데↘이 찌→아 치↗엔 마?

  我得加钱吗?
  나 돈 더 내야 해?

- 요↗우 찌→아 f에↘이 마?

  有加费吗?
  추가요금 있어요?

- 미↘엔 빠→오 리↘미↘엔 찌→아 러 이↗꺼↘ 찌→딴↘.

  面包里面加了一个鸡蛋。
  빵 안에 계란 프라이 하나 넣었어.

☑️ 단어체크

f에↘이 费 fèi 요금ㅣ미↘엔 빠→오 面包 miànbāo 빵ㅣ리↘미↘엔 里面 lǐmiàn ~안에
꺼 个 gè (숫자) 개 /(사람) 명ㅣ찌→딴↘ 鸡蛋 jīdàn 계란 /계란 프라이

날씨 매우 덥다, 목말라 죽겠어.

天气太热, 我渴死了。

tiānqìtàirè, wǒkěsǐle.

---

내가 물 따라 줄게.

我给你倒水。

wǒgěinǐdàoshuǐ.

---

시원한 물 있어?

有冰的吗?

yǒubīngdema?

---

시원한 물은 없어 그렇지만 얼음은 있어.

没有冰的但是有冰块儿。

méiyǒubīngdedànshìyǒubīngkuàir.

---

그러면 얼음 넣어 줘.

那么我要加冰块儿。

nàmewǒyàojiābīngkuàir.

# 너 어디야?
## (어디에 있어?)

## 1 회화 익히기

**A:** 웨이? 니 짜이날r?

喂? 你在哪儿?

**B:** 워 씨엔짜이 짜이 카f에이팅 덩져r니.

我现在在咖啡厅等着你。

**A:** 니 짜이 카 f에이팅마? 워 자r오부따오니러.

你在咖啡厅吗? 我找不到你了。

**B:** 워짜이 로우샹r.

我在楼上。

**A:** 아이야, 하오더.

哎呀, 好的。

---

**A:** 웨╱이?  ／  니╱  ／  짜╲이날r╱?

여보세요?  ／  너  ／  어디야?

---

**B:** 워╱ 씨╲엔 짜╲이  ／  짜╲이 카→f에→이팅→  ／  덩╱져r 니╱

나는 지금  ／  커피숍에서  ／  너 기다리고 있어

---

**A:** 니╱ ① 짜╲이  ／  ② 카→f에→이팅→마?  ／  워╱ 자r╱오 부╱ 따╲오 니╱러

너 ② 커피숍에  ／  ① 있어?  ／  나는 찾을 수 없어 너를

---

**B:** 워╱  ／  ① 짜╲이  ／  ② 로╱우 샹r╲

나  ／  ② 위층  ／  ① 에 있어

---

**A:** 아→이야→  ／  하╱오더

아이고  ／  알겠다

---

31

> **A:** 웨╱이? 니╲ 짜╲이날r╱?
>
> 喂? 你在哪儿?
> **여보세요? 너 어디야?**

| | |
|---|---|
| 웨╱이 | (전화상에서) 여보세요 |
| 웨╲이 | 어이, 야, 저기요 |

- 웨╱이? 니╲ 쉴r╲ 나╱웨╲이?

  喂? 你是哪位?

  **여보세요? 당신은 누구십니까?**

- 웨╲이 니╱깐╲마?

  喂, 你干嘛?

  **어이, 너 뭐 하는 거야?**

**TIP!** 喂 (웨╱이 / 웨╲이) 의 성조 차이와 활용 방법!

喂는 2가지 성조를 갖고 있는데 하나는 2성인 웨╱이(wéi) 4성인 웨╲이(wèi)가 있습니다.
2성인 웨╱이(wéi)는 전화상에서 [여보세요?] 라는 뜻을 의미하고 4성인 웨╲이(wèi)는 타인을
부를 때 [어이, 야, 저기요] 의미로 사용됩니다.

**B:** 워↗ 씨↘엔 짜↘이 짜↘이 카→f에→이팅→
덩↘져r 니↘.

我现在在咖啡厅等着你。
**나 지금 커피숍에서 너 기다리고 있어.**

씨↘엔 짜↘이 　　　　　 지금 / 현재 / 이제

---

• 씨↘엔 짜↘이 지↗디↘엔?

现在几点?
**지금 몇 시야?**

• 씨↘엔 짜↘이 야↘오 빤→ 똥→시마?

现在要搬东西吗?
**지금 물건 옮겨야 해?**

• 씨↘엔 짜↘이 카→이 실r↘ 비↘싸↘이.

现在开始比赛。
**지금 경기를 시작합니다.**

---

📋 단어체크

지↗디↘엔 几点 jǐdiǎn 몇 시 | 빤→ 搬 bān 옮기다 | 똥→시 东西 dōngxi 물건
카→이 실r↘ 开始 kāishǐ 시작하다 | 비↘싸↘이 比赛 bǐsài 경기 / 시합

A: 니ˇ 짜ˋ이 카→f에→이팅→마?
위ˇ 자r ˇ오부ˊ따ˋ오 니ˇ러.

你在咖啡厅吗? 我找不到你了.
**너 커피숍에 있어? 나 너 못 찾겠어. (찾지 못했어.)**

┌─────┐
│ **동사** │ + 부ˊ따ˋ오      ...하지 못했다
└─────┘

● 마ˇ이 부ˊ따ˋ오 슈r→러.

买不到书了.
**책을 사지 못했어.**

● 위ˇ 쭈r→아 부ˊ따ˋ오 찌→후ˋ에이러.

我抓不到机会了.
**내가 기회를 잡지 못 했어.**

● 시ˇ 부ˊ따ˋ오 토ˊ우f아러.

洗不到头发了.
**머리(카락)를 못 감았어.**

✅ 단어체크

슈r→ 书 shū 책│찌→후ˋ에이 机会 jīhuì 기회│시ˇ 洗 xǐ 씻다│토ˊ우f아 头发 tóufa 머리카락

**B:** 워〮 짜〯이 로〱우샹r〯.

我在楼上。
**나 위층에 있어.**

짜〯이

[동사] ...에 있다
[부사] ...하고 있다

• 니〮 짜〯이 부 짜〯이 찌→아?

你在不在家?
**너 집에 있어, 없어?**

• 워〮 껀→ 타→ 짜〯이 이〯치〮.

我跟她在一起。
**나 그녀와 함께 있어.**

• 워〮 짜〯이 꽁→ 쭈〯어.

我在工作。
**나 일하고 있어.**

뿌〯 不 bù 아니다 (부정) | 찌→아 家 jiā 집 | 껀→ 跟 gēn ~와 | 타→ 她 tā 그녀
이〯치〮 一起 yìqǐ 함께 | 꽁→ 쭈〯어 工作 gōngzuò 일(업무)

**A:** 아→이야→, 하ˇ오더.

哎呀, 好的。
**아이고, 알겠어.**

하ˇ오

좋다
칭찬·동의·종결의 어기

- 하ˇ오 하ˇ오 하ˇ오, 워ˇ빵→니ˇ.

    好好好, 我帮你。
    **좋아(알겠어), 내가 도와줄게.**

- 쩌rˋ찌→아 찬→팅→ 팅ˇ 하ˇ오더야.

    这家餐厅挺好的呀。
    **이 식당 잘하더라.**

- 워ˇ껀→타→슈r→어 하ˇ오러.

    我跟她说好了。
    **그녀에게 잘 말해뒀어.**

빵→ 帮 bāng 돕다(빵→쭈rˋ bāngzhù 돕다 / 도움) | 찌→아 家 jiā 건물을 세는 양사 / 집
찬→팅→ 餐厅 cāntīng 식당 | 팅ˇ 挺 tǐng 아주 | 슈r→어 说 shuō 말하다

여보세요? 너 어디야?

喂? 你在哪儿?

wéi? nǐzàinǎr?

---

나 지금 커피숍에서 너 기다리고 있어.

我现在在咖啡厅等着你。

wǒxiànzàizàikāfēitīngděngzhenǐ.

---

너 커피숍에 있어? 나 너 못 찾겠어. (찾지 못했어.)

你在咖啡厅吗? 我找不到你了。

nǐzàikāfēitīngma? wǒzhǎobúdàonǐle.

---

나 위층에 있어.

我在楼上。

wǒzàilóushàng.

---

아이고, 알겠어.

哎呀, 好的。

aīyā, hǎode.

# 4강

## 너 서울에서 살아?

### 1 회화 익히기

**A:** 니 쭈r짜이 쇼r우얼r마?

你住在首尔吗?

**B:** 뿌, 워 메이 쭈r 꾸어 쇼r우얼r. 전머러?

不, 我没住过首尔。怎么了?

**A:** 워 씨아거위에 데이 빤찌아.

我下个月得搬家。

**B:** 니 빤따오나리?

你搬到哪里?

**A:** 워 야오 빤따오 쇼r우 얼r.

我要搬到首尔。

일빵빵 한글로 배우는 중국어 회화 편

| A: | 니↘ | 쭈r↘짜↘이 | ② 쇼r↗우얼r↗마? |
|---|---|---|---|
| | 너 | ② 서울 | ① 에서 살아? |

| B: | 뿌↘ 워↗<br>①메↗이 쭈r↘꾸어 | ② 쇼r↗우얼r↗ | ③전↗머러? |
|---|---|---|---|
| | 아니 나 ② 서울 | ① 에서 산 적 없어 | ③ 왜? |

| A: | 워↗ | 씨↘아거위↘에 | ①데↗이 ② 빤→찌→아 |
|---|---|---|---|
| | 나 | 다음 달에 | ② 이사 ① 해야 해 |

| B: | 니↗ | ① 빤→따↘오 | ②나↗리? |
|---|---|---|---|
| | 너 | ② 어디로 | ① 이사해 ② ? |

| A: | 워↗ ① 야↘오 | ② 빤→따↘오 | ③ 쇼r↗우 얼r↗ |
|---|---|---|---|
| | 나 ③ 서울로 | ② 이사할 | ① 거야 |

> **A:** 니↗ 쭈r↘짜↘이 쇼r↗우얼r↘마?
>
> 你住在首尔吗?
> **너 서울**에서 살아?
>
> ---
>
> 쭈r↘짜↘이                    ... 에서 살다

- 워↗ 쭈r↘짜↘이 메↗이 구↗어.

  我住在美国。
  **나 미국**에서 살아.

- 니↗ 쭈r↘짜↘이 쑤↘셔r↘ 마?

  你住在宿舍吗?
  **너 기숙사**에서 살아?

- 니↗ 쭈r↘짜↘이 날r↗?

  你住在哪儿?
  **너 어디**(에서) 살아?

☑ 단어체크

───────────────────────────────────────────────

메↗이 구↗어 美国 Měiguó 미국 | 쑤↘셔r↘ 宿舍 sùshè 숙소
날r↗ 哪儿 nǎr 어디? ['날r 哪儿 nǎr'은 '나↗리 哪里 nǎli 어디?'의 북방식 방언으로 현지에서 많이 쓰입니다.]

**B:** 뿌↘, 워↗ 메↗이 쭈r↘ 꾸어 쇼r↗우얼r↘.

전↘머러?

不, 我没住过首尔。怎么了?

**아니, 나 서울에서 산 적 없어. 왜?**

---

메↗이 + **동사** + 꾸어          (경험) ...한 적 없다

---

- 워↘ 메↗이 츨r→ 꾸어 쭝r→꾸↗어 차↘이.

  我没吃过中国菜。

  **나 중국음식 먹어 본 적 없어.**

- 타→ 메↗이 취↘ 꾸어 니↘더 꽁→쓰→.

  他没去过你的公司。

  **그는 너희 회사에 가 본 적 없다.**

- 니↘ 메↗이 찌↘엔 꾸어 타→마?

  你没见过她吗?

  **너는 그녀를 만나 본 적 없어?**

---

🛍 단어체크

메↗이 没 méi ...않다 [과거의 경험·행위·사실·등을 부정함] | 찌↘엔 见 jiàn 보다 / 만나다
꾸어 过 guo ...한 적 있다 [동사 뒤에 쓰여 어떤 동작이나 변화가 일찍이 발생하였음을 나타냄] | 꽁→쓰→ 公司 gōngsī 회사

**A:** 워↘ 씨↘아거워↘에 데↗이 빤→찌→아.

我下个月得搬家。
나 다음 달에 이사해야 해.

## 날짜 말하기 (주 / 월)

저번 주 / 이번 주 / 다음 주
저번 달 / 이번 달 / 다음 달

---

 해당 주를 말할 때, '씽→치→ 星期'와 '죠r→우 周'를 사용하여 말을 하는데요.
'씽→치→ 星期'는 일요일이란 의미도 포함되어 요일(월요일, 화요일......)을 말할 때에도
사용됩니다.

**[요일]** 씽→치→ 星期 xīngqī / **[(한) 주]** 죠r→우 周 zhōu

| 저번 주 | 샹r↘ 거 씽→치→ | 上个星期 | 샹r↘ 죠r→우 | 上周 |
|---|---|---|---|---|
| 이번 주 | 쩌r↘ 거 씽→치→ | 这个星期 | 쩌r↘ 죠r→우 | 这周 |
| 다음 주 | 씨↘아 거 씽→치→ | 下个星期 | 씨↘아 죠r→우 | 下周 |

● 워↗샹r↘거 씽→치→ 칸↘러 띠↘엥잉. 我上个星期看了电影。나 저번 주에 영화 봤어.
● 워↘샹r↘ 죠r→우 찌↘엔러 펑↗요우. 我上周见了朋友。나 저번 주에 친구 만났어.

**[월]** 위→에 月 yuè

| 저번 달 | 샹r↘ 거 위↘에 | 上个月 |
|---|---|---|
| 이번 달 | 쩌r↘ 거 위↘에 | 这个月 |
| 다음 달 | 씨↘아 거 위↘에 | 下个月 |

● 워↗먼 쩌r↘거위↘에 찬→찌→아 윈↘똥↘후↘에이. 我们这个月参加运动会。
우리 이번 달에 운동회 참가해.

---

**B:** 니↘ 빤→따↘오 나↗리?

你搬到哪里?
**너 어디로 이사해?**

빤 →

옮기다 / 운반하다
/ 이사하다

- 타→먼 싼→거위↘에 이↗허↘우 빤→찌→아.

  他们三个月以后搬家。
  **그들은 3개월 이후에 이사한다.**

- 니↗ 빤→러 쭈r→어즈마?

  你搬了桌子吗?
  **너 테이블 옮(기다)겼어?**

- 니↘ 찌↘아오 빤→찌→아 꽁→쓰→러마?

  你叫搬家公司了吗?
  **너 이사업체 불렀어?**

 중국은 한국처럼 사다리차나 대형 화물차를 이용하여 옮기는 경우보다는 일반 가정집 혹은 가까운 거리, 짐이 적은 경우 개조한 트럭 혹은 삼륜차를 이용하여 이사를 많이 합니다. 또한 사다리차를 사용하여 높은 곳으로 짐을 운반하기보다는 사람이 직접 짐을 짊어지고 운반하는 경우가 많습니다.

☑ 단어체크

이↗허↘우 以后 yǐhòu 이후 | 쭈r→어즈 桌子 zhuōzi 테이블 | 꽁→쓰→ 公司 gōngsī 회사, 업체

**A:** 워ˇ 야\오 빤→따\오 쇼r/우 얼r\.

我要搬到首尔。
**나 서울로 이사**할 거야.

야\오          원하다 /...할 것이다 / 필요하다

- 찌ˇ에지에 콰\이 야\오 찌/에 훈→.

  姐姐快要结婚。
  **언니(누나)는 곧 결혼**할 것이다.

- 끄→어그어 야\오 찬→찌→아 주/치/어우 비ˇ싸\이.

  哥哥要参加足球比赛。
  **오빠(형)는 축구 시합에 참가하길** 원한다.

- 니ˇ 이/딩\ 야\오 누ˇ리\ 슈/에시/.

  你一定要努力学习。
  **너는 반드시 열심히 공부**해야 한다.

🗹 단어체크

콰\이 快 kuài 곧 / 머지않아 | 찌ˇ에 훈→ 结婚 jiéhūn 결혼 | 찬→찌→아 参加 cānjiā 참가하다
주/치/어우 足球 zúqiú 축구 | 이/딩\ 一定 yídìng 반드시 | 누ˇ리\ 努力 nǔlì 열심히

너 서울에서 살아?

你住在首尔吗?

nǐzhùzàiShǒu' ěrma?

---

아니, 나 서울에서 산 적 없어. 왜?

不, 我没住过首尔。怎么了?

bù, wǒméizhùguoShǒu' ěr.zěnmele?

---

나 다음 달에 이사해야 해.

我下个月得搬家。

wǒxiàgeyuèděibānjiā.

---

너 어디로 이사해?

你搬到哪里?

nǐbāndàonǎli?

---

나 서울로 이사할 거야.

我要搬到首尔。

wǒyàobāndàoShǒu' ěr.

# 그녀는 무엇을 좋아해?

## 1 회화 익히기

**A:** 리리더 셩r르r 콰이 따오아!

丽丽的生日快到啊!

**B:** 뚜에이아, 쟌먼 게이타 쏭 션r머리우?

对啊, 咱们给她送什么礼物?

**A:** 시앙슈r에이? 시에즈? 타시후안 션r머?

香水? 鞋子? 她喜欢什么?

**B:** 리리 f에이창r 시후안 까오껀시에.

丽丽非常喜欢高跟鞋。

**A:** 나머 워먼 쏭 홍쓰어더 까오껀시에바.

那么我们送红色的高跟鞋吧。

## 2 문장 쪼개기

· 쪼개진 문장 옆의 숫자를 보고 한글 발음에 맞는 뜻을 알아보세요.

| A: | 리↘리더 | 셩г→르r↘ | 콰↘이 따↘오아 |
|---|---|---|---|
| | 리리의 | 생일이 | 곧 다가와 |

| B: | 뚜↘에이아 | 쟌↗먼 ⓜ게↘이 타→ | ③쏭↘②션r↗머 리↘우↘? |
|---|---|---|---|
| | 맞아~ | 우리 ① 그녀에게 | ② 무슨 선물 ③ 보내 ① 주지? |

| A: | 시→앙슈↗에이?<br>시↗에즈? | 타→ ⓜ시↘후안 | ② 션r↗머? |
|---|---|---|---|
| | 향수? 신발? | 그녀는 ② 무엇을 | ① 좋아해? |

| B: | 리↘리 | ⓜf에→이창r↗<br>시↗후안 | ② 까→오껀→시↗에 |
|---|---|---|---|
| | 리리 | ② 하이힐 | ① 매우 좋아해 |

| A: | 나↘머 | 워↗먼 ⓜ쏭↘ | 홍↗쓰↘어더 까→<br>오껀→시↗에 바 |
|---|---|---|---|
| | 그러면 | 우리 | 빨간색 하이힐 ① (선물로)주자! |

**A:** 리\리더 성r→르r\ 콰\이 따\오아!

丽丽的生日快到啊!

**리리의 생일이 곧 다가와!**

성r→르r\                          생일

- 성r→르r\콰\이러\!

生日快乐!

**생일 축하해!**

- 쭈r\니↗ 성r→르r\ 콰\이러\!

祝你生日快乐!

**너의 생일을 축하합니다!**

**TIP!** 생일 관련 단어 알아보기!

| 생일 카드 | 성r→르r\카↗ | 生日卡 | shēngrìkǎ |
|---|---|---|---|
|  | 성r→르r\흐\어 카↗ | 生日贺卡 | shēngrìhèkǎ |
| 생일 케이크 | 성r→르r\딴\까→오 | 生日蛋糕 | shēngrìdàngāo |
| 생일파티 | 성r→르r\옌\후\이 | 生日宴会 | shēngrìyànhuì |
|  | 성r→르r\파\이 뚜\이 | 生日派对 | shēngrìpàiduì |
|  | 성r→르r\팔티 | 生日Party | shēngrìparty |

📋 단어체크

─────────────────────────────

콰\이 러\ 快乐 kuàilè 즐겁다 | 쭈r\ 祝 zhù (복을) 빌다 / 축하하다

**B:** 뚜＼에이아, 쟌╱먼 게＼이 타→쏭＼션r╱머 리╱우＼?

对啊, 咱们给她送什么礼物?
**맞아~, 우리 그녀에게 무슨 선물 보내주지?**

뚜＼에이              맞다 / 대답하다 / 대하다

- 뚜＼에이부뚜＼에이?

  对不对?
  **맞아, 안 맞아?**

- 타→ 뚜＼에이 워╱ 헌╱하╱오.

  他对我很好。
  **그는 나에게 잘 대해준다.**

- 뚜＼에이 부 치╱.

  对不起。
  **미안합니다.**

> **A:** 시→앙슈↘에이? 시↗에즈? 타→시↘후안션r↗머?
>
> 香水? 鞋子? 她喜欢什么?
> **향수? 신발? 그녀는 무엇을 좋아해?**

시↘후안            좋아하다

- 워↗ 시↘후안 완↗ 쇼r↘우찌→.

  我喜欢玩手机。
  **나 핸드폰 (가지고) 노는 거 좋아해.**

- 니↗ 시↘후안 흐→어 지↗어우 마?

  你喜欢喝酒吗?
  **너 술 마시는 거 좋아해?**

- 워↗ 시↘후안 크↗어 아↘이더 똥→시.

  我喜欢可爱的东西。
  **나는 귀여운 물건을 좋아해.**

☑ 단어체크

완↗ 玩 wǎn 놀다 | 흐→어 喝 hē 마시다 | 지↗어우 酒 jiǔ 술 | 크↗어아↘이 可爱 ké'ai 귀여운
똥→시 东西 dōngxi 물건

**B:** 리\리 f에→이창r↗ 시\후안 까→오껀→시↗에.

丽丽非常喜欢高跟鞋。
**리리, 하이힐 매우 좋아해.**

f에→이창r↗          대단히 / 매우 / 심히 / 아주

- 워↗ f에→이창r↗ 까→오씽\!

  我非常高兴!
  **나 아주 기뻐!**

- 타→ f에→이창r↗ 아\이 워↗.

  他非常爱我。
  **그는 나를 매우 사랑해.**

- 예↗예 f에→이창r↗ 간↗똥\러.

  爷爷非常感动了。
  **할아버지는 매우 감동하셨다.**

---

☑ 단어체크

까→오 씽\ 高兴 gāoxìng 기쁘다 | 아\이 爱 ài 사랑하다 | 예↗예 爷爷 yéye 할아버지
간↗똥\ 感动 gǎndòng 감동하다

---

**A:** 나\머 워/먼 쏭\ 훙/쓰\어더 까→오껀→시/에바.

那么我们送红色的高跟鞋吧。

그러면 우리 빨간색 하이힐 (선물로) 주자!

쏭\

주다 / 보내다 / 배웅하다

---

• 워/ 쏭\ 니/ 후\에이 찌→아.

我送你回家。

내가 배웅해 줄게.

---

**TIP!** 중국어로 색깔 말하기!

중국 사람들은 화려한 금색 진→쓰\어 金色 jīnsè과 악귀를 막아준다고 여기는 빨간색 훙/쓰\어 红色
hóngsè을 무척 좋아합니다! 이외 다른 색깔도 알아볼까요?

| 색, 색깔 | 쓰\어 | 色 | sè |
|---|---|---|---|
| 주황색 | 쥐/쓰\어 | 橘色 | júsè |
| 노란색 | 후/앙 쓰\어 | 黄色 | huángsè |
| 초록색 | 뤼\쓰\어 | 绿色 | lǜsè |
| 파란색 | 티→엔 란/ 쓰\어 | 天蓝色 | tiānlánsè |
| 남색 | 란/쓰\어 | 蓝色 | lánsè |
| 보라색 | 즈\쓰\어 | 紫色 | zǐsè |
| 흰색 | 바/이쓰\어 | 白色 | báisè |
| 검은색 | 헤→이쓰\어 | 黑色 | hēisè |

---

리리의 생일이 곧 다가와!

丽丽的生日快到啊!

Lìlideshēngrìkuàidàoa!

---

맞아~, 우리 그녀에게 무슨 선물 보내주지?

对啊, 咱们给她送什么礼物?

duìa, zánmengěitāsòngshénmelǐwù?

---

향수? 신발? 그녀는 무엇을 좋아해?

香水? 鞋子? 她喜欢什么?

xiāngshuǐ? xiézi? tāxǐhuanshénme?

---

리리, 하이힐 매우 좋아해.

丽丽非常喜欢高跟鞋。

Lìlifēichángxǐhuangāogēnxié.

---

그러면 우리 빨간색 하이힐 (선물로) 주자!

那么我们送红色的高跟鞋吧。

nàmewǒmensònghóngsèdegāogēnxiéba.

---

**6강**

## 나 중국음식 먹고 싶어.

### 1 회화 익히기

**A:** 리리, 니 츨r f안러마?

丽丽, 你吃饭了吗?

**B:** 워 메이 츨r f안, 껀워 이치 츨r f안바.

我没吃饭, 跟我一起吃饭吧。

**A:** 하오, 니 시앙츨r 션r머?

好, 你想吃什么?

**B:** 워 시앙츨r 쫑r구어차이.

我想吃中国菜。

**A:** 씽, 워 칭크어.

行, 我请客。

일빵빵 한글로 배우는 중국어 회화 편

| | | |
|---|---|---|
| **A:** 리﹀리 | 니﹀츨r→f안﹨ | 러마? |
| 리리 | 너 밥 먹 | 었니? |
| **B:** 워﹀ 메﹀이츨r→f안﹨ | 껀→워﹀ 이﹀치﹀ | 츨r→f안﹨바 |
| 나 안 먹었어 | 나와 같이 | 밥 먹자! |
| **A:** 하﹀오 | 니﹀①시﹀앙 츨r→ | ②션r﹀머? |
| 그래 | 너 ② 무엇을 | ① 먹고 싶어? |
| **B:** 워﹀ | ①시﹀앙 츨r→ | ②쭝r→구﹀어 차﹨이 |
| 나 | ② 중국음식 | ·① 먹고 싶어 |
| **A:** 씽﹀ | 워﹀ | 칭﹀크﹨어 |
| 좋아 | 내가 | 살게 |

---

**A:** 리\리, 니✓ 츨r→f안\ 러마?

丽丽, 你吃饭了吗?

**리리, 너 밥 먹(다)었어?**

---

츨r→                                         먹다

---

- 워✓ 주✓어 티→엔 완✓샹r 츨r→러 라→미\엔.

  我昨天晚上吃了拉面。

  **나 어제 저녁에 라면 먹었어.**

- 니✓ 츨r→f안\ 러 메✓이 (요✓우)?

  你吃饭了没(有)?

  **너 밥 먹(다)었어?**

- 워✓ 뿌\시✓앙 츨r→ 이\따\리\미\엔.

  我不想吃意大利面。

  **나 스파게티 먹고 싶지 않아.**

단어체크

---

주✓어 티→엔 昨天 zuótiān 어제 | 완✓샹r 晚上 wǎnshang 저녁 | 라→미\엔 拉面 lāmiàn 라면

뿌\시✓앙 不想 bùxiǎng 하고 싶지 않다 | 이\따\리\미\엔 意大利面 yìdàlìmiàn 스파게티

**B:** 워↘ 메↗이 츨r→f안↘,

껀→ 워↘ 이↘치↗ 츨r→f안↘바.

我没吃饭, 跟我一起吃饭吧。
**나 안 먹었어, 나와 같이 밥 먹자!**

껀→...이↘치↗                          와 ...같이(함께)

• 니↘ 껀→ 세r↗이 이↘치↗ 취↘ 뤼↘요↗우?

你跟谁一起去旅游?
**너 누구와 함께 여행 가?**

• 워↘ 껀→ 마→마 이↘치↗ 칸↘ 띠↘엔 실r↘ 쮜↘.

我跟妈妈一起看电视剧。
**나는 엄마와 함께 드라마를 본다.**

• 타→ 껀→ 통↗슈↗에먼 이↘치↗ 슈↗에 시↗.

她跟同学们一起学习。
**그녀와 반 친구들은 함께 공부한다.**

🗒 단어체크

취↘ 去 qù 가다 | 뤼↘요↗우 旅游 lǚyóu 여행 | 칸↘ 看 kàn 보다 | 띠↘엔 실r↘ 쮜↘ 电视剧 diànshìjù
드라마 | 통↗슈↗에먼 同学们 tóngxuémen 동급생 | 슈↗에시↗ 学习 xuéxí 공부하다

> **A:** 하↘오. 니↗ 시↘앙 츨r→ 션r↗머?
>
> 好。你想吃什么?
>
> **그래, 너 무엇을 먹고 싶어?**
>
> 시↘앙
>
> ...하고 싶다 / 생각하다

- 타→ 시↘앙 통→ 꾸↘어 카↘오 쉴r↘.

  他想通过考试。

  **그는 시험에 통과하고 싶다.**

- 니↗ 시↘앙 하↘오 러마?

  你想好了吗?

  **너 생각 다 했어?**

- 니↗ 짜↘이 시↘앙이→ 시↘앙.

  你再想一想。

  **너 다시 한 번 생각해 봐~.**

✌ 단어체크

통→ 꾸↘어 通过 tōngguò 통과하다 | 카↘오 쉴r↘ 考试 kǎoshì 시험 | 짜↘이 再 zài 재차, 다시
시↘앙 이→ 시↘앙 想一想 xiǎngyīxiǎng (정도가 가벼운) 한 번 생각해 보자

**B:** 워↗ 시↘앙 츨r→ 쫑r→구↗어 차↘이.

我想吃中国菜。
**나 중국음식 먹고 싶어.**

차↘이 　　　　　음식

**TIP!** 여러 가지 음식에 대해서 알아보기!
**한국인 입맛에 잘 어울리는 중국 음식 BEST 10**

1.  **마라탕** 마↗라↘탕→ 麻辣烫 málàtāng

2.  **마라샹궈** 마↗라↘시→앙꾸→어 麻辣香锅 málàxiāngguō

3.  **마라민물가재** 마↗라↘롱↗시↘아 麻辣龙虾 málàlóngxiā

4.  **양꼬치** 양↗로r↘우 추r→안 羊肉串 yángròuchuān

5.  **경장육슬** 징→찌↘앙 로r↘우쓰→ 京酱肉丝 jīngjiàngròusī

6.  **감자채 덮밥** 투↗또↘우스→ 까↘이 f안↘ 土豆丝盖饭 tǔdòusīgàifàn

7.  **토마토 계란 볶음** 시→홍↗실↘차r↗오 찌→딴↘ 西红柿炒鸡蛋 xīhóngshìchǎojīdàn

8.  **훈툰 (중국식 물 만두국)** 훈↗툰 馄饨 húntun

9.  **(중국식) 군만두** 찌→엔 찌↘아오 煎饺 jiānjiǎo

10. **우육면 (소고기 면)** 뉘↗로r↘우 미↘엔 牛肉面 niúròumiàn

**A:** 씽↗. 워↗ 칭↘크↘어.

行。我请客。
**좋아. 내가** 살게(한 턱 낼게).

칭↘크↘어                                    접대하다 / 초대하다

• 워↘ 칭↗ 니↘.

我请你。
**제가 모시겠습니다.**

• 워↗ 칭↘크↘어 하↗이쉴r↘ 니↘ 라↗이 칭↘?

我请客还是你来请?
**내가 한 턱 살까? 아니면 네가 살래?**

• 진→티→엔 니↗ 칭↘크↘어 바.

今天你请客吧。
**오늘은 네가 사.**

**TIP!** 칭↘의 또 다른 표현 방식!

칭↘ 请 qǐng [부탁하다 / 청하다] 라는 뜻도 가지고 있어, 영어의 Please와 같은 형식으로 사용합니다.

• 칭↗ 쭈↘어 이↗씨↘아. 请坐一下。 좀 앉아주세요.
• 칭↗ 까↘오쑤 워↗바. 请告诉我吧。 나에게 좀 알려주세요.

리리, 너 밥 먹었어?

丽丽，你吃饭了吗?

Lìli, nǐ chī fàn le ma?

나 안 먹었어, 나와 같이 밥 먹자!

我没吃饭，跟我一起吃饭吧。

wǒ méi chī fàn, gēn wǒ yì qǐ chī fàn ba.

그래, 너 뭐 먹고 싶어?

好。你想吃什么?

hǎo. nǐ xiǎng chī shénme?

나 중국음식 먹고 싶어.

我想吃中国菜。

wǒ xiǎng chī Zhōngguócài.

좋아. 내가 살게.

行。我请客。

xíng. wǒ qǐngkè.

너 커피 마실래?
아니면 차 마실래?

## ① 회화 익히기

🔊

**A:** 하오지어우 부찌엔! 니 꾸어더 젼머양?

好久不见! 你过得怎么样?

**B:** 워 헌하오, 니너?

我很好, 你呢?

**A:** 워예 헌하오아, 쟌먼 시엔디엔 인리아오바.

我也很好啊, 咱们先点饮料吧。

**B:** 씽, 니 야오 흐어 카f에이 하이쉴r 흐어 차r?

行, 你要喝咖啡还是喝茶?

**A:** 워 흐어 뿌 리아오 카f에이, 야오 흐어 차r.

我喝不了咖啡, 要喝茶。

**A:** 하⌄오 지⌄어우 부⌄찌⌄엔

오랜만이야

니⌄①꾸⌄어더

너 ② 어떻게

② 젼⌄머양⌄?

① 지내?

**B:** 워⌄ 헌⌄하⌄오

나는 잘 지내(좋아)

니⌄너?

너는?

**A:** 워⌄예⌄

나도

헌⌄하⌄오아

잘 지내(좋아)

쟌⌄먼

우리

①시→엔디⌄엔

② 음료

② 인⌄리⌄아오 바

① 먼저 주문하자!

**B:** 씽⌄

좋아

니⌄①야⌄오

너는

② 흐→어 카→f에→이

② 커피 마실 ① 래

③하⌄이쉴r⌄

③ 아니면

④흐→어 차r⌄?

④ 차 마실 ① 래?

**A:** 워⌄

① 나

①흐→어 뿌⌄리⌄아오
②카→f에→이

② 커피 ① 못 마셔

③야⌄오
④ 흐→어 차r⌄

④ 차 마실 ③ 래

**A:** 하↗오 지↘어우 부↗찌↘엔!

니↗ 꾸↘어더 젼↗머 양↘?

**好久不见! 你过得怎么样?**

**오랜만이야! 너 어떻게 지내?**

꾸↘어

(시점을) 지나다 / 지내다 / 경과하다

(지점을) 가다 / 건너다 / 지나다

- 꾸↘어 지↘티→엔 찌↘어우 크↗어 이↗ 후→이 f우↘.

  过几天就可以恢复。

  **며칠 지나고 곧 회복됩니다.**

- 싈r→f우, 꾸↘어 홍↗뤼↘떵→ 요↘우 구↗아이.

  师父, 过红绿灯右拐。

  **기사님, 신호등 지나서 우회전 하세요.**

- 니↗데↗이 꾸↘어 취↘ 런r↗씽↗헝↗따↘오.

  你得过去人行横道。

  **너는 횡단보도를 건너야 한다.**

───────────────────────── 🔖 단어체크

후→이 f우↘ 恢复 huīfù 회복 | 홍↗뤼↘떵→ 红绿灯 hónglǜdēng 신호등 | 요↘우 구↗아이 右拐 yòuguǎi
우회전 | 데↗이 得 děi ~해야 한다 | 런r↗씽↗헝↗따↘오 人行横道 rénxínghéngdào 횡단보도

**B:** 워↗ 헌↗ 하↘오 , 니↘너?

我很好，你呢?
**나는 잘 지내 , 너는?**

너?

의문문 끝에 쓰여 강조를
나타냅니다.

- 니↗ 따↘디 너?

你弟弟呢?
**너 남동생은?**

- 니↗ 젼↗머 즐r→따↘오 너?

你怎么知道呢?

**너 어떻게 알았는데?**

- 니↗ 짜↘이 날r↗ 너?

你在哪儿呢?

**너 어디에 있는데?**

따↘디 弟弟 dìdi 남동생 | 젼 머 怎么 zěnme 어떻게 | 즐r→따↘오 知道 zhīdào 알다

**A:** 워↗예↗ 헌↗하↘오아,

쟌↗먼 시→엔 디↘엔 인↗리↘아오바.

我也很好啊, 咱们先点饮料吧。

나도 잘 지내~, 우리 음료 먼저 주문하자!

---

시→엔          우선 / 앞, 앞서

- 워↗ 시→엔 까↘오쑤 니↗ 워↗더 띠↘엔 후↘아 하↘오 바.

我先告诉你我电话号吧。

우선 내 핸드폰 번호 알려줄게.

- 니↗ 시→엔 조↗우바.

你先走吧。

너 먼저 가.

- 워↗시→엔 간↗씨에 닌↗, 게↗이 워↗ 쩌r↘츠↘ 찌→후↘에이.

我先感谢您, 给我这次机会。

우선 저에게 이번 기회를 주셔서 감사드립니다.

---

✔ 단어체크

까↘오쑤 告诉 gàosu 알려주다 | 띠↘엔 후↘아 하↘오 电话号 diànhuàhào 전화번호
간↗씨에 感谢 gǎnxiè 감사하다 | 쩌r↘츠↘ 这次 zhècì 이번 | 찌→후↘에이 机会 jīhuì 기회

**A:** 워ノ예ノ 헌ノ하ノ오아,

쟌ノ먼 시ー엔 디ノ엔 인ノ리ヽ아오바.

我也很好啊, 咱们先点饮料吧。
**나도 잘 지내~ , 우리 음료 먼저 주문하자!**

디ノ엔

| 동사 | 주문하다 |
| 동사 | (손을) 상하로 움직이다 / (머리를) 끄덕이다 |
| 양사 | 조금, 약간 (~儿 얼r) |

- f우ノ우ヽ위ノ엔, 디ノ엔 차ヽ이!

服务员, 点菜!
**종업원, 주문이요!**

- 타ー찌ヽ어우 디ノ엔 토ノ우러.

他就点头了。
**그는 바로 고개를 끄덕(이다)였다.**

- 쩌rヽ 탕ー 요ノ우 디ノ알r 시ノ엔.

这汤有点儿咸。
**이 국 조금 짜.**

**TIP!** 긍정적인 문장에서는 '이ー 디ノ알r 一点儿', 부정적인 문장에서는 '요ノ우디ノ알r 有点儿'로 사용합니다.

☑ 단어체크

f우ノ우ヽ위ノ엔 服务员 fúwùyuán 종업원 | 차ヽ이 菜 cài 음식 | 토ノ우 头 tóu 머리 | 탕ー 汤 tāng 국, 탕

시ノ엔 xián 咸 짜다

> **B:** 씽↗, 니↘야오 흐→어 카→f에→이
>
> 하↘이실r↘ 흐→어 차r↗?
>
> 行, 你要喝咖啡还是喝茶?
>
> **좋아, 너 커피 마(시다)실래 아니면 차 마(시다)실래?**

흐→어          마시다

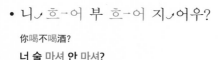

- 니↘ 흐→어 부 흐→어 지↘어우?

  你喝不喝酒?

  **너 술 마셔 안 마셔?**

- 니↘ 흐→어 죠r→우 바.

  你喝粥吧。

  **너 죽 (좀) 마셔! (먹어!)**

- 주↗어 티→엔 워↘ 흐→어 쭈↘이 러.

  昨天我喝醉了。

  **나 어제 (마셔서) 취했어.**

🛍 단어체크

지↘어우 酒 jiǔ 술 | 죠r→우 粥 zhōu 죽 | 흐→어 쭈↘이 喝醉 hēzuì 취하다

**B:** 씽╱, 니╱야╲오 흐→어 카→f에→이

하╱이 실r╲ 흐→어 차r╱?

行, 你要喝咖啡还是喝茶?

**좋아, 너는 커피 마실래 아니면 차 마실래?**

하╱이 실r╲     선택을 표시하며 의문문을 만들때 사용

• 니╲ 실r╲ 슈╱에 셩r 하╱이 실r╲ 라╲오 실r→?

你是学生还是老师?

**너 학생이야 아니면 선생님이야?**

• 니╲ 실r╲ 한╱구╱어 런r╱ 하╱이 실r╲ 쫑r→구╱어 런r╱.

你是韩国人还是中国人?

**너는 한국인이니 아니면 중국인이니?**

• 니╲ 하╱이 실r╲ 슈╱에 셩r 마?

你还是学生吗?

**너 아직도 학생이야?**

✓ 단어체크

슈╱에 셩r 学生 xuésheng 학생 | 라╲오 실r→ 老师 lǎoshī 선생님 | 쫑r→구╱어 中国 Zhōngguó

69

**A:** 워\ 흐→어 뿌\리\아오 카→f에→이

야\오 흐→어 차r\.

我喝不了咖啡要喝茶。
**나 커피 못 마셔(마시다) 차 마실래.**

뿌\리\아오          ...하지 못하다 / ...할 수 없다

• 워\ 츨r→ 뿌\리\아오.

我吃不了。
**나 (많이 먹어서) 못 먹어.**

• 티→엔치 타\이 르r\어 워\쇼r\우 뿌\리\아오 러.

天气太热, 我受不了了。
**날씨가 너무 더워서, 견딜 수 없어.**

• 타→ 슈r→어 뿌\리\아오.

他说不了。
**그는 말할 수 없다.**

🔖 단어체크

─────────────────────────────────────

쇼r\우 受 shòu 받아들이다

오랜만이야! 너 어떻게 지내?

好久不见! 你过得怎么样?

hǎojiǔbújiàn! nǐguòdezěnmeyàng?

---

나는 잘 지내. 너는?

我很好, 你呢?

wǒhěnhǎo, nǐne?

---

나도 잘 지내~, 우리 음료 먼저 주문하자!

我也很好啊, 咱们先点饮料吧。

wǒyěhěnhǎoa, zánmenxiāndiǎnyǐnliàoba.

---

좋아, 너는 커피 마실래 아니면 차 마실래?

行, 你要喝咖啡还是喝茶?

xíng, nǐyàohēkāfēiháishìhēchá?

---

나 커피 못 마셔 차 마실래.

我喝不了咖啡要喝茶。

wǒhēbùliǎokāfēiyàohēchá.

# 8강

## 나 여행 갈 거야!

### 1 회화 익히기

**A:** f앙찌아 콰이따오러, 니 다쑤안 쭈어 션r머?

放假快到了, 你打算做什么?

**B:** 워 하이 메이 시앙 하오. 니야오 쭈어 션r머?

我还没想好。你要做什么?

**A:** 워아, 야오 취 뤼요우.

我啊, 要去旅游。

**B:** 니따오 나리 취?

你到哪里去?

**A:** 워취 메이 구어, 이징 띵러 f에이 찌 피아오.

我去美国, 已经订了飞机票。

일빵빵 한글로 배우는 중국어 회화 편

**A:** f＼앙찌＼아 　　콰＼이 따＼오러

방학 　　　　　곧 다가왔는데

니／ 　　①다＼쑤＼안 　　②쭈＼어 션r／머?

너 　　　②무엇을 할 　　①계획이야?

**B:** 워／ 　　①하／이 메／이 　　시／앙 하／오

나는 　　①아직 　　　　생각 잘 ① 못했어

니／ 　　②야＼오 　　③쭈＼어 션r／머?

너는 　　③무엇을 할 　　②거야?

**A:** 워／아 　　①야＼오 취＼ 　　②뤼／요／우

나는~ 　　②여행 　　　　①갈 거야

**B:** 니／ 　　따＼오 나／리 취＼?

너는 　　어디로 가?

**A:** 워／①취＼ 　　③이／징 　　⑤f에→이찌→피＼아오
②메／이 구／어 　　④띵→러

나 ②미국 ① 가 　　③이미 ⑤비행기표 　　④예약했어

73

> **A:** f\앙찌\아 콰\이따\오러 ,
>
> 니/ 다↗쑤\안 쭈\어 션r/머?
>
> **放假快到了, 你打算做什么?**
>
> **방학 곧 다가왔는데 , 너 무엇을 할 계획이야?**

다↗쑤\안      ...하려고 하다 / ... 할 생각이다

생각 / 계획

- 워/ 다↗쑤\안 밍/니/엔 찌/에 훈→.

  **我打算明年结婚。**

  **나 내년에 결혼하려고 해.**

- 니/ 다↗쑤\안 션r/머 실r/허\우 죠↗우?

  **你打算什么时候走?**

  **너는 언제 갈 생각이니?**

- 워\먼 다↗쑤\안 카→이 완\후\에이.

  **我们打算开晚会。**

  **우리 파티 열려고 해.**

✅ 단어체크

밍/니/엔 明年 míngnián 내년 | 찌/에 훈→ 結婚 jiéhūn 결혼 | 죠↗우 走 zǒu 걷다 (가다)

카→이 开 kāi 열다, 개최하다 | 완\후\에이 wǎnhuì 晚会 파티

**B:** 워\ 하/이 메/이 시/앙 하\오.

니\ 야\오 쭈어 션r/머?

我还没想好。你要做什么?

**나는 아직 생각 잘 못했어. 너는 무엇을 할 거야?**

하/이 메/이　　　　아직 ... 못하다

- 워\ 하/이 메/이 쥬/에 띵\.

我还没决定。

**나 아직 결정 못했어.**

- 니\ 하/이 메/이 슈r\이 찌\아오 너?

你还没睡觉呢?

**너 아직도 못 잤어?**

- 워\ 하/이 메/이 쭈\어 예\.

我还没做作业。

**나 아직 숙제 다 못했어.**

☑ 단어체크

쥬/에 띵\ 决定 juédìng 결정하다 | 슈r\이 찌\아오 睡觉 shuìjiào 잠을 자다

쭈\어 예\ 作业 zuòyè 숙제

**A:** 워↘아, 야↘오 취↘ 뤼↙요↗우.

我啊, 要去旅游。

나는 여행 갈(가다) 거야~

취↘                          가다

- 니↙취↘ 부 취↘?

  你去不去?

  너 갈 거야 안 갈 거야?

- 워↙ 뿌↘시↙앙 취↘ 이→위↘엔.

  我不想去医院。

  나 병원 가고 싶지 않아.

- 니↙ 취↘망↗바.

  你去忙吧。

  너 가서 일 봐.

☑ 단어체크

뿌↘시↙앙 不想 bùxiǎng ~하고 싶지 않다 | 이→위↘엔 医院 yīyuàn 병원 | 망↗ 忙 máng 바쁘다

B: 니↗ 따↘오 나↗리 취↘?

你到哪里去?
**너는 어디로 가?**

따↘오                    도착하다 / ...에 , ...로 / ...까지 오다

- 니↗ 따↘오러마?

  你到了吗?
  **너 도착했어?**

- 타→ 하↗이 메↗이 따↘오러.

  他还没到了。

  **그는 아직 도착 못했어.**

- 따↘오 실r↗찌→ 엔 러.

  到时间了。
  **시간 다 됐어.**

📱 단어체크

러 了 le 완료를 나타냄으로 과거형으로 쓰입니다. | 실r↗찌→엔 时间 shíjiān 시간

---

**A:** 워ˇ 취ˋ 메ˇ이 구ˊ어.

이ˇ찡 띵→러 f에→이지→퍄아오.

我去美国。已经订了飞机票。

**나 미국 가. 이미 비행기표 예약했어.**

---

띵→                                    예약하다

---

- 씨ˋ엔 짜ˋ이 크ˇ어 이ˇ 띵→ f／앙 찌→엔 마?

  现在可以订房间吗?

  **지금 방(숙소 룸) 예약 가능한가요?**

- 워ˇ 하／이 메ˊ이 띵→ 러

  我还没订了。

  **나 예약 안 했어.**

- 워ˇ 위ˋ띵ˋ러 찬→팅→.

  我预定了餐厅。

  **식당 예약했어.**

🔖 단어체크

---

f／앙 찌→엔 房间 fángjiān 방 | 찬→팅→ 餐厅 cāntīng 식당

방학 곧 다가왔는데, 너는 무엇을 할 계획이야?

放假快到了, 你打算做什么?

fàngjiàkuàidàole, nǐdǎsuànzuòshénme?

---

나는 아직 생각 잘 못했어. 너는 무엇을 할 거야?

我还没想好。你要做什么?

wǒháiméixiǎnghǎo. nǐyàozuòshénme?

---

나는 여행 갈 거야~

我啊, 要去旅游。

wǒa, yàoqùlǚyóu.

---

너는 어디로 가?

你到哪里去?

nǐdàonǎliqù?

---

나 미국 가. 이미 비행기표 예약했어.

我去美国。已经订了飞机票。

wǒqùMěiguó. yǐjingdīnglefēijīpiào.

---

## 1 회화 익히기

**A:** 팅 슈r어 니 빤찌아러바.

听说你搬家了吧。

**B:** 뚜에이, 니 라이 워더 찌아 왈r바.

对, 你来我的家玩儿吧。

**A:** 하오! 워 션r머 실r 허우 크어이 취?

好! 我什么时候可以去？

**B:** 찌r쬬r우 션r머 실r 허우 또우 크어이 라이.

这周什么时候都可以来。

**A:** 나머 워 씽치우 취 니더찌아. 씽마?

那么我星期五去你的家。行吗？

| A: | 팅→슈r→어 | 니↘ | 빤↘찌→아러바 |
|----|----------|-----|-------------|
|    | 듣자하니 | 너 | **이사갔다며?** |

| B: | 뚜↘에이 니↘ | 라↗이 | 워↘더찌→아 왈r↘바 |
|----|------------|------|-------------------|
|    | **응, 너** | **오다** | 우리 집에 **놀러** |

| A: | 하↘오 | 워↘ | 션r↗머 실r↘허↘우 |
|----|------|------|------------------|
|    | **좋아** | 나 | **언제** |

| ① 크↗어이↘ | ② 취↘? |
|-----------|--------|
| **② 가면** | **① 돼?** |

| B: | 쩌r↘죠r→우 | 션r↗머 실r↘허↘우 | 또→우 |
|----|-----------|------------------|-------|
|    | **이번 주** | 언제 | **모든** |

| 크↗어이↘ | 라↗이 |
|---------|------|
| **② 와도** | **① 돼** |

| A: | 나↘머 워↘ | 씽→치→우↘ ① 취↘ | ② 니↘더 찌→아 ③ 씽↗마? |
|----|-----------|----------------|----------------------|
|    | **그러면 나** | **금요일에 ② 너희 집** | **① 가도 ③ 괜찮아?** |

---

**A:** 팅→슈r→어 니↘ 빤↘찌→아러 바.

听说你搬家了吧。

**듣자하니 너 이사 갔다며?**

---

팅→슈r→어

듣자하니 / 들어보니

타인에게 전달되어 듣는 소식 혹은 말을
당사자나 제3자에게 말할 때 쓰입니다.

---

• 니↘ 팅→슈r→어 꾸어 마?

你听说过吗?

**너 들었어?**

• 워↘ 메↗이 팅→슈r→어 꾸어.

我没听说过。

**나 들어본 적 없어.**

• 팅→슈r→어 타→ 드↗어 간↘ 마↘오 러.

听说他得感冒了。

**들어보니 걔(그) 감기 걸렸대.**

---

☑ 단어체크

드↗어 得 dé 얻다 / 앓다 | 간↘ 마↘오 感冒 gǎnmào 감기

**B:** 뚜\에이, 니↘ 라↗이 워↘더 찌→아 왈r↘바.

对，你来我的家玩儿吧。
응, 너 우리 집에 놀러 와.

라↗이                오다

- 니↘ 찐→ 라↗이 바.

  你进来吧。
  들어 와~

- 에\이, 니↘ 라↗이 창r↗이창r↗.

  诶，你来尝一尝。
  어이, 와서 맛 좀 봐.

- 라↗이, 워↘먼 카→이 쉴r↘ 샹r\ 크\어 바.

  来，我们开始上课吧。
  자, 우리 수업 시작하자.

> **TIP!** '라↗이'는 감탄사로도 쓰이는데 한국에서는 자, …… 로 표현할 수 있고, 현지에서는 여러 번 중첩하여
> 사용하기도 합니다.
>
> ☑ 단어체크

찐→ 进 jìn (밖에서 안으로) 들다 | 에\이 诶 èi 사람을 부를 때 쓰는 감탄사입니다.

창r↗ 尝 cháng 맛보다 | 카→이 쉴r↗ 开始 kāishǐ 시작하다 | 샹r\ 크\어 上课 shàngkè 수업

> **A:** 하↘오. 워↘ 션r↗머 실r↗ 허↘우 크↗어이↘ 취↘?
>
> 好。我什么时候可以去?
>
> **좋아. 나 언제 가면 돼?**

션r↗머 실r↗ 허↘우    언제

- 니↘ 션r↗머 실r↗ 허↘우 크↗어이↘ 라↗이?

  你什么时候可以来?

  **너 언제 올 수 있어?**

- 청r↗찌↘ 션r↗머 실r↗ 허↘우 츄r→라↗이?

  成绩什么时候出来?

  **성적 언제 나와?**

- 션r↗머 실r↗ 허↘우 카→이 실r↘?

  什么时候开始?

  **언제 시작해?**

**B:** 쩌r↘ 죠r→우 션r↗머 실r↗호↘우 또→우

크↗어이↘ 라↗이.

这周什么时候都可以来。

이번 주 언제든(모두) 와도 돼.

또→우                      모두, 다

- 워↘ 또→우 팅→ 니↘더.

  我都听你的。

  네 말 다 들을게.

- 타→먼 또→우 라↗이 러.

  他们都来了。

  걔들 모두 다 왔어.

- 워↘ 또→우 게↗이 니↘.

  我都给你。

  모두 다 너에게 줄게.

☑ 단어체크

팅→ 听 tīng 듣다 | 게↗이 给 gěi 주다

85

**A:** 나╲머 워╱ 씽→치→우╱ 취╲ 니╱더 찌→아. 씽╱마?

那么我星期五去你的家。行吗?

그러면 나 금요일에 너희 집 갈게. 괜찮아?

요일 말하기 (월화수목금토일)

**TIP!** 중국 문화와 중국어 엿보기! - 요일 ( 씽→치→ 星期 )

| 월요일 | 씽→치→이→ | 星期一 | xīngqīyī |
| 화요일 | 씽→치→얼r╲ | 星期二 | xīngqīèr |
| 수요일 | 씽→치→싼→ | 星期三 | xīngqīsān |
| 목요일 | 씽→치→쓰╲ | 星期四 | xīngqīsì |
| 금요일 | 씽→치→우╱ | 星期五 | xīngqīwǔ |
| 토요일 | 씽→치→리╲어우 | 星期六 | xīngqīliù |
| 일요일 | 씽→치→르r╲ | 星期日 | xīngqīrì |
| | 씽→치→티→엔 | 星期天 | xīngqītiān |

요일을 뜻하는 씽→치→ ( 星期 )에 숫자 1~6으로 월요일에서부터 토요일까지 표현하고, 일요일은 한국과 동일하게 르r╲(日)을 사용하기도 하며, 'Sunday'를 중국어로 번역하는 과정에서 서양의 기독교 문화에 영향을 받아 하늘을 뜻하는 티→엔(天)을 붙혀 사용하기도 합니다.

듣자하니 너 이사 갔다며?

听说你搬家了吧。

tīngshuōnǐbānjiāleba.

---

응, 너 우리 집에 놀러 와.

对, 你来我的家玩儿吧。

duì.nǐláiwǒdejiāwánrba.

---

좋아. 나 언제 가면 돼?

好。我什么时候可以去?

hǎo.wǒshénmeshíhòukěyǐqù?

---

이번 주 언제든 와도 돼.

这周什么时候都可以来。

zhèzhōushénmeshíhòudōukěyǐlái.

---

그러면 나 금요일에 너희 집 갈게. 괜찮아?

那么我星期五去你的家。行吗?

nàmewǒxīngqīwǔqùnǐdejiā.xíngma?

---

## 10강

# 우리 영화 보자.

## ☐ 회화 익히기

**A:** 씨아크어 이허우 니 요우 쉴r 찌엔 마?

下课以后你有时间吗?

**B:** 요우, 니 시앙 쭈어 션r머?

有,你想做什么?

**A:** 워먼 칸 띠엔잉 바!

我们看电影吧!

**B:** 칸 션r머 띠엔잉?

看什么电影?

**A:** 워먼 칸 가오 씨아오 띠엔잉 젼r머양?

我们看搞笑电影怎么样?

| A: | 씨\아크\어<br>이ˇ허ˇ우<br>**수업 끝나고 (이후)** | 니ˇ<br><br>**너** | ⓪ 요ˇ우<br>② 실r\찌→엔 ③ 마?<br>**② 시간 ① 있어 ③ ?** |
|---|---|---|---|
| B: | 요ˇ우<br><br>**있어** | 니ˇ<br><br>**너** | ⓪ 시ˇ앙<br><br>**③ 무엇을** |
| | ② 쭈\어<br><br>**② 하고** | ③ 션r\머?<br><br>**① 싶은데 ③ ?** | |
| A: | 워ˇ먼<br><br>**우리** | ⓪ 칸\<br><br>**② 영화** | ② 띠\엔잉ˇ바<br><br>**① 보자!** |
| B: | ⓪ 칸\<br><br>**② 무슨** | ② 션r\머<br><br>**③ 영화** | ③ 띠\엔잉ˇ?<br><br>**① 보게?** |
| A: | 워ˇ먼<br><br>**우리** | ⓪ 칸\ ② 가ˇ오<br>씨\아오 띠\엔잉ˇ<br>**② 코믹영화 ① 보는 거** | ③ 젼r\머양\?<br><br>**③ 어때?** |

A: 씨\아크\어 이↗허\우 니↗요↗우

실r↗찌→엔 마?

下课以后你有时间吗?

**수업 끝나고 (이후) 너 시간 있어?**

이↗허\우

이후 / 나중에 / 차후

• 이↗허\우 짜\이 슈r→어.

以后再说。

**나중에 다시 얘기해.**

• 츨r→f안\ 이↗허\우 뚜\즈 텅↗.

吃饭以后肚子疼。

**밥 먹은 이후부터 배 아파.**

**TIP!** 이전 / 이후 알아보기!

| 이전 | 이↗치↗엔 | 以前 | yǐqián | 이후 | 이↗허\우 | 以后 | yǐhòu |
| --- | --- | --- | --- | --- | --- | --- | --- |

📑 단어체크

짜\이 再 zài 재차 / 다시 | 슈r→어 说 shōu 말하다 | 뚜\즈 肚子 dùzi 배 | 텅↗ 疼 téng 아프다

**B:** 요ᵛ우, 니╱시ᵛ앙 쭈╲어 션r╱머?

有, 你想做什么?
**있어, 너 무엇을 하고 싶은데?**

션r╱머?　　　　　　무엇?

- 쩌r╲실r╲ 션r╱머?

  这是什么?
  **이것은 뭐야?**

- 션r╱머 또ᵀ우 야╲오 마╱이.

  什么都要买。
  **뭐든지 다 사고 싶어.**

- 니ᵛ 션r╱머 이╲쓰?

  你什么意思?
  **네 (너의) 말 무슨 뜻이야?**

☑ 단어체크

마╱이 买 mǎi 사다 | 이╲쓰 意思 yìsi 뜻, 의미

---

**A:** 워↘먼 칸↘ 띠↘엔잉↗ 바.

我们看电影吧。

**우리 영화 보(다)자!**

칸↘

보다

---

- 통↗슈↗에먼 칸↘ 슈r→.

同学们看书。

**학우들 책 보세요.**

- 니↘ 칸↘따↘오러마?

你看到了吗?

**너 봤어?**

- 워↘ 칸↘뿌↘칭→추r.

我看不清楚。

**나 못 알아보겠어.**

☺ 단어체크

---

통↗슈↗에먼 同学们 tóngxuémen 학생들, 학우들 | 슈r→ 书 shū 책 | 칭→추r 清楚 qīngchu 분명하다 / 알다

**B:** 칸\션r/머 띠\엔잉/?

看什么**电影?**

**무슨 영화** 보게?

칸\션r/머          무엇을 보다

- 니\ 칸\션r/머너?

  你看什么呢?

  **너 뭐 보(다)니?**

- 워/먼 칸\션r/머?

  我们看什么?

  **우리 뭐 봐?**

- 따\찌→아 또→우 칸\션r/머?

  大家都看什么?

  **다들 뭐 봐?**

따\찌→아 大家 dàjiā 모두, 다들 | 또→우 都 dōu 다, 전부

A: 워↘먼 칸↘ 가↗오 씨↘아오 띠↘엔잉↗

전r↗머양↘?

我们看搞笑电影怎么样?

우리 코믹영화 보는 거 어때?

**TIP!** 중국의 다양한 볼거리와 중국어 표현 알아보기!

'중국'하면 떠오르는 것! 서커스와 경극이 있죠? 서커스는 '말이 놀다'라는 의미로 마↗씨↘ 马戏 mǎxì
경극은 베이징에서 발전했다 하여 '베이징의 징→京'을 본 따 징→쮜↘ 京剧 jīngjù 라고 불립니다.

| 우리 서커스 봐. | 我们看马戏。 | 워↘먼 칸↘ 마↗씨↘. |
|---|---|---|
| 우리 서커스<br>보는 게 어때? | 我们看马戏怎么样? | 워↘먼 칸↘마↗씨↘ 전r↗머양↘? |
| 우리 경극 봐. | 我们看京剧。 | 워↘먼 칸↘ 징→쮜↘. |
| 우리 경극 보는 게 어때? | 我们看京剧怎么样。 | 워↘먼 칸↘ 징→쮜↘ 전r↗머양↘? |

수업 끝나고 (이후) 너 시간 있어?

下课以后你有时间吗?

xiàkèyǐhòunǐyǒushíjiānma?

---

있어, 너 무엇을 하고 싶은데?

有, 你想做什么?

yǒu, nǐxiǎngzuòshénme?

---

우리 영화 보자!

我们看电影吧。

wǒmenkàndiànyǐngba.

---

무슨 영화 보게?

看什么电影?

kànshénmediànyǐng?

---

우리 코믹영화 보는 거 어때?

我们看搞笑电影怎么样?

wǒmenkàngǎoxiàodiànyǐngzěnmeyàng?

## 너 평소에 무슨 음악 들어?

### 1 회화 익히기

🔊

**A:** 니더 아이 하오 실r 션r머?

你的爱好是什么?

**B:** 워더 아이 하오 실r 팅 인위에.

我的爱好是听音乐。

**A:** 실r마? 니 핑실r 팅 션r머 인위에?

是吗? 你平时听什么音乐?

**B:** 워 이빤 팅 케이팝 후어 져r 시하.

我一般听K-pop或者嘻哈。

**A:** 워예 쥬에더 케이팝 쩐r 하오팅.

我也觉得K-pop真好听。

| | | |
|---|---|---|
| **A:** 니↗더 | 아↘이 하↘오 실↘ | 션r↗머? |
| 너의 | 취미는 | 무엇이야? |

| | | |
|---|---|---|
| **B:** 워↗더 | 아↘이 하↘오 실↘ | 팅→ 인→ 위↘에 |
| 나의 | 취미는 | 음악 듣기야 |

| | | |
|---|---|---|
| **A:** 실r↘마? | 니↘ | ⓪핑↗실r↗ |
| 그래? | 너 | ① 평소에 |

| | | |
|---|---|---|
| ②팅→ | ③션r↗머 인→위↘에? | |
| ③ 무슨 음악 | ② 들어? | |

| | | |
|---|---|---|
| **B:** 워↘이↘빤→⓪팅→ | 케이팝 후↘어 져r↘ | 시→하→ |
| 나 일반적으로 | 케이팝 아니면 | 힙합 ① 들어 |

| | | |
|---|---|---|
| **A:** 워↗예↗쥬↗에더 | 케이팝 | 쩐r→ 하↘오 팅→ |
| 내 생각에도 | 케이팝 | 진짜 듣기 좋아 |

---

**A:** 니↗더 아↘이 하↘오 실r↘ 션r↗머?

你的爱好是什么?

**너의 취미는 무엇이야?**

---

아↘이 하↘오

애호 / 취미 /
...하기를 즐기다

- 타→더 아↘이 하↘오 실r↘ 양↗꼬↗우.

她的爱好是养狗。

**그녀는 강아지 키우기를 즐긴다.**

- 니↗요↗우 아↘이 하↘오 마?

你有爱好吗?

**너는 취미가 있니?**

- 워↗뿌↘ 즐r→따↘오 워↗더 아↘이 하↘오 실r↘ 션r↗머.

我不知道我的爱好是什么。

**나는 모르겠어, 나의 취미가 무엇인지.**

---

🐶 단어체크

양↗ 养 yǎng 기르다, 키우다 | 꼬↗우 狗 gǒu 개 | 즐r→따↘오 知道 zhīdào 알다

**B:** 워↘더 아↘이 하↘오 실r↘ 팅→ 인→위↘에.

我的爱好是听音乐。
**나의 취미는 음악 듣기야.**

팅→                                   듣다

• 니↗ 팅→ 더 동↗마?

你听得懂吗?
**너 알아들었어?**

• 쇼r↗우 찌→ 후↘아이 러, 팅→ 부↗ 찌↘엔.

手机坏了, 听不见。
**핸드폰 망가져서, 안 들려.**

• 니↗ 팅→ 이 팅→.

你听一听。
**좀 들어봐.**

동↗ 懂 dǒng 알다 / 이해하다 | 인→ 因 yīn ...때문에 | 후↘아이 坏 huài 망가지다
팅→ 부↗ 찌↘엔 听不见 tīngbújiàn 안 들리다

> **A:** 실r↘마? 니↘ 핑↗실r↗ 팅→ 션r↗머 인→위↘에?
>
> 是吗? 你平时听什么音乐?
>
> **그래? 너 평소에 무슨 음악 들어?**

핑↗실r↗                      평소에

- 니↘ 핑↗실r↗ 깐↘ 션r↗머?

  你平时干什么?

  **너 평소에 뭐해?**

- 타→ 핑↗실r↗ 아↘이 창r↘끄→어.

  他平时爱唱歌。

  **그는 평소에 노래를 자주 부른다.**

- 니↘ 핑↗실r↗ 지↗디↘엔 치↘추r↗앙?

  你平时几点起床?

  **너 평소에 몇 시에 일어나?**

---

☝ 단어체크

깐↘ 干 gàn (일을) 하다 | 아↘이 爱 ài 사랑하다 / 좋아하다

창r↘끄→어 唱歌 chànggē 노래를 부르다 | 지↗ 几 jǐ 몇 | 치↘추r↗앙 起床 qǐchuáng (잠자리에서) 일어나다

**B:** 워↘ 이↘빠→ 팅→ 케이팝 후↘어 져r 시→하→.

我一般听K-pop或者嘻哈。

나 일반적으로 케이팝 아니면 힙합 들어.

후↘어 져r↗    ...이던가 아니면 ...이다
아마, 어쩌면 / 혹시

- 워↘ 취↘ 메↗이 구↗어 후↘어 져r 찌→아 나↗ 따↘.

  我去美国或者加拿大。

  나 미국 아니면 캐나다 가.

- 짜↘이 찌→아 칸↘ 슈r→ 후↘어 져r

  칸↘ 주↗치↗어우 비↘싸↘이.

  在家看书或者看足球比赛。

  집에서 책 보던지 아니면 축구 경기 봐.

- 후↘어 져r↘ 니↗ 야↘오 f언→쇼r↗우마?

  或者你要分手吗?

  혹시 너 헤어지길 바라?

☑ 단어체크

메↗이구↗어 美国 Měiguó 미국 | 찌→아 나↗ 따↘ 加拿大 Jiānádà 캐나다 | 슈r→ 书 shū 책
주↗치↗어우 足球 zúqiú 축구 | 비↘싸↘이 比赛 bǐsài 경기 | f언→쇼r↗우 分手 fēnshǒu 헤어지다

---

**A:** 워↗예↘쥬↗에더 케이팝 쩐r→ 하↘오 팅→.

我也觉得 K-pop真好听。

**내 생각에도 케이팝 진짜 듣기 좋아.**

---

쩐r →

| 부사 | 진실로 / 참으로 |
|---|---|
| 형용사 | 사실이다 / 진짜이다 |

---

- 쩐r→더마?

真的吗?

**진짜야?**

- 타→ 쩐r→ 피↘아오 리앙.

她真漂亮。

**그녀는 진짜 예뻐.**

- 워↘ 쩐r→ 뿌↘ 하↘오 이↘ 쓰.

我真不好意思。

**진짜 부끄럽습니다.**

(진짜 미안합니다. - 타인에게 실례를 범했을 때에도 사용 가능합니다. )

☑ 단어체크

---

피↘아오 리앙 漂亮 piàoliang (일을) 하다 | 뿌↘하↗오 이↘쓰 不好意思 bùhǎoyìsi 자주

너의 취미는 무엇이야?

你的爱好是什么?

nǐdeàihàoshìshénme?

나의 취미는 음악 듣기야.

我的爱好是听音乐。

wǒdeàihàoshìtīngyīnyuè.

그래? 너 평소에 무슨 음악 들어?

是吗? 你平时听什么音乐?

shìma? nǐpíngshítīngshénmeyīnyuè?

나 일반적으로 케이팝 아니면 힙합 들어.

我一般听K-pop或者嘻哈。

wǒyìbāntīngk-pophuòzhěxīhā.

내 생각에도 케이팝 정말 진짜 좋아.

我也觉得K-pop真好听。

wǒyějuédek-popzhēnhǎotīng.

## 나 중국어 말할 수 있어.

### 1 회화 익히기

**A:** 니 하오,워쉴r 쫑r구어런r. 니 후에이 슈r어 한위마?

你好, 我是中国人。你会说汉语吗?

**B:** 워 후에이 슈r어 한위, 닌 쉬야오 빵쭈r마?

我会说汉语。您需要帮助吗?

**A:** 워 야오 마이 후아쭈앙핀. 크어이 투이찌엔 이씨아 마?

我要买化妆品。可以推荐一下吗?

**B:** 땅란r러.

当然了。

## 2 문장 쪼개기

• 쪼개진 문장 옆의 숫자를 보고 한글 발음에 맞는 뜻을 알아보세요.

| A: | 니╱하╲오 | 워╲ ①실r╲ | ②쫑r→ 구╱어 런r╱ |
|---|---|---|---|
| | 안녕하세요 | 저는 | ② 중국인 ① 입니다 |
| | ③니╱ | ④후╲에이 슈r→어 | ⑤한╲위╱마? |
| | ③ 당신은 | ⑤ 중국어 | ④ 말할 수 있나요? |
| B: | 워╱ | ①후╲에이 슈r→어 | ②한╲위╱ |
| | 저 | ② 중국어 | ① 말할 수 있습니다 |
| | 닌╱ | ③ 쉬→야╲오 | ⑤ 빵→ 쭈r╲마? |
| | 당신 | ⑤ 도움이 | ③ 필요하십니까? |
| A: | 워╱ ①야╲오 | ②마╱이 | ③후╲아쭈→ 양핀╱ |
| | 저는 ③ 화장품을 | ② 살 | ① 거예요 |
| | ①크╱어이╱ | ②투→이 찌╲엔 | ③이╱씨╲아 마? |
| | ② 추천 | ③ 좀 해 | ① 줄 수 있나요? |
| B: | 땅→란r╱러 | | |
| | 당연하죠 | | |

**A:** 니↗하↘오, 워↘쉴r↘ 쫑r→ 구↗어 런r↗

니↓ 후↘에이 슈r→어 한↘위↘마?

你好，我是中国人。你会说汉语吗?

안녕하세요, 저는 중국인입니다.

당신은 중국어 말(하다)할 수 있나요?

슈r→어                          말하다 / 말

---

• 워↘ 뿌↘넝↗ 슈r→어 한↗위↘.

我不能说韩语。

**나 한국어 말 못해.**

• 니↓시→엔 슈r→어.

你先说。

**먼저 말해.**

• 칭↗니↓ 슈r→어 만↘ 이↘디↗알r.

请你说慢一点儿。

**조금만 천천히 말해주세요.**

넝↗ 能 néng 할 수 있다 | 한↗위↘ 韩语 hányǔ 한국어 | 칭↗ 请 qǐng 부탁하다 | 만↘ 慢 màn 천천히
이↘디↗알r 一点儿 yìdiǎnr 조금, 약간

**B:** 워↘ 후↘에이 슈r→어 한↘위↘.

닌↗ 쉬→야↘오 빵→쭈r↘ 마?

我会说汉语。您需要帮助吗?

**저 중국어 말할 수 있습니다.**

**당신은 도움이 필요하십니까?**

빵→쭈r↘                           도움 / 돕다

---

- 니↗ 빵→쭈r↘ 워↘바.

  你帮助我把。

  **나 좀 도와줘.**

- 니↗먼 후↘시→앙 빵→쭈r↘ 바.

  你们互相帮助吧。

  **너희 서로 도와줘.**

- 니↗ 크↗어이↘ 빵→ 워↘ 나↗ 똥→시 마?

  你可以帮我拿东西吗?

  **너 나를 도와 물건 좀 들어줄 수 있어?**

---

A: 워\야\오 마/이 후\아 쭈→앙 핀\.
   크/어이\ 투→이 찌\엔 이\씨\아 마?

   我要买化妆品。可以推荐一下吗?
   저는 화장품을 살 거예요. 추천 좀 해줄 수 있나요?

투→이 찌\엔                    추천 / 추천하다

• 니\ 투→이 찌\엔 한\위\ 크/어 번\바.

  你推荐汉语课本吧。

  중국어 교과서 추천해 봐.

• 워\ 게\이 니\ 투→이 찌\엔 이/꺼시→앙 슈r/에이.

  我给你推荐一个香水。

  내가 너에게 향수 하나 추천해 줄게.

• 워\ 투→이 찌\엔 쩌r\거!

  我推荐这个!

  난 이것을 추천해!

☑ 단어체크

크\어 번\ 课本 kèběn 교과서 | 시→앙 슈r/에이 香水 xiāngshuǐ 향수

안녕하세요, 저는 중국인입니다.
당신은 중국어 말할 수 있나요?

**你好, 我是中国人。你会说汉语吗?**

nǐhǎo, wǒshì Zhōngguórén. nǐhuì shuōhànyǔma?

저 중국어 말할 수 있습니다.
당신은 도움이 필요하십니까?

**我会说汉语。您需要帮助吗?**

wǒhuì shuōhànyǔ. nínxūyàobāngzhùma?

저는 화장품을 살 거예요.
추천 좀 해줄 수 있나요?

**我要买化妆品。可以推荐一下吗?**

wǒyàomǎihuàzhuāngpǐn. kěyǐtuījiànyíxiàma?

당연하죠.

**当然了。**

dāngránle.

## 13강

말씀 좀 묻겠습니다,
성함이 어떻게 되십니까?

### ▎ 1 ▎ 회화 익히기

**A:** 후안잉꾸앙린, 라이따오 워먼더 지어우 띠엔. 쉬야오 션r머빵망?

欢迎光临, 来到我们的酒店。需要什么帮忙?

**B:** 주어티엔 워 위띵러 f앙찌엔. 씨엔짜이 크어이 떵찌쭈r 쑤마?

昨天我预订了房间。现在可以登记住宿吗?

**A:** 칭원, 닌꾸이씽?

请问, 您贵姓?

**B:** 워씽왕 찌아오 리리.

我姓王叫丽丽。

**A:** 닌더 쇼r우찌 하오마실r 뚜어샤r오?

您的手机号码是多少?

## **2 문장 쪼개기**

· 쪼개진 문장 옆의 숫자를 보고 한글 발음에 맞는 뜻을 알아보세요.

| | | |
|---|---|---|
| **A:** | ①후→안 잉↗<br>꾸→앙 린↗<br><br>**③ 저희 호텔에** | ②라↗이 따↘오<br><br><br>**② 오신 것을** | ③워↘먼더<br>지↘어우 띠↘엔<br><br>**① 환영합니다** |
| | ④쉬→야↘오<br><br>**⑤ 무엇을 도와** | ⑤션r→머 빵→망↗?<br><br>**④ 드릴까요?** | |
| **B:** | 주↗어 티→엔 워↗<br><br>**어제 제가** | ①위↗ 띵↘러<br><br>**② 방을** | ② f앙↗찌→엔<br><br>**① 예약했는데** |
| | 씨↘엔짜↘이<br><br>**지금** | ③크↗어이↗<br><br>**④ 체크인** | ④떵→찌↘쭈r↘쑤↘마?<br><br>**③ 가능한가요?** |
| **A:** | 칭↗원↘<br><br>**말씀 좀 묻겠습니다** | 닌↗ 꾸↘이 씽↘?<br><br>**당신의 성함이 무엇입니까?** | |
| **B:** | 워↗씽↘왕↗<br><br>**제 성은 왕 씨고** | 찌↘아오 리↘리<br><br>**이름은 리리입니다** | |
| **A:** | 닌↗더<br><br>**당신의** | 쇼r↗우 찌→ 하↘오<br>마↗ 실r↘<br><br>**핸드폰 번호는** | 뚜→어 샤r↗오?<br><br>**어떻게 되나요?** |

---

**A:** 후→안 잉↗ 꾸→앙 린↘, 라↗이 따↘오 워↘먼더
지↘어우 따↘엔 쉬→야↘오 션r↗머 빵→망↗?

欢迎光临, 来到我们的酒店。需要什么帮忙?
**저희 호텔에 오신 것을 환영합니다. 무엇을 도와 드릴까요?**

---

쉬→야↘오　　　　　　　　필요하다 / ...해야 한다

---

---

• 쩌r↘ 쯔↘싱↗츠r→어 쉬→야↘오 시→우 리↘.

这自行车需要修理。
**이 자전거 수리가 필요하다.**

• 니↘ 쉬→야↘오 뚜→어 창r↗ 실r↗ 찌→엔?

你需要多长时间?
**너 시간이 얼마나 필요해?**

• 워↘ 쉬→야↘오 f우↘ 뚜→어 샤r↘오 치↗엔?

我需要付多少钱?
**저 얼마를 지불해야 하나요?**

---

☑ 단어체크

쯔↘싱↗츠r→어 自行车 zìxíngchē 자전거 | 시→우 리↘ 修理 xiūlǐ 수리 | f우↘ 付 fù 지불하다
뚜→어 多 duō 많다 | 창r↗ 长 cháng 길다 | 뚜→어 샤r↘오 多少 duōshǎo 얼마

**B:** 주↗어 티→엔 워↘ 위↘띵↘러 f앙↗찌→엔.
씨↘엔 짜↘이 크↗어이↘ 띵→찌↘쭈r↘쑤↘마?

昨天我预订了房间。现在可以登记住宿吗?
**어제 제가 방을 예약했는데. 지금 체크인 가능한가요?**

위↘띵↘

예약하다

• 니↗ 위↘띵↘러마?

你预订了吗?
**너 예약했어?**

• 워↗ 위↘띵↘러 후↗어 츠r→어 피↘아오.

我预定了火车票。
**기차표 예약했어.**

• 워↗ 씨↘엔 짜↘이 크↗어이↗ 위↘띵↘마?

我现在可以预订吗?
**저 지금 예약할 수 있나요?**

---

**A:** 칭◡원↘, 닌◢ 꾸◢이 씽↘?

请问, 您贵姓?

말씀 좀 묻겠습니다, 당신의 성함이 무엇입니까?

칭◡원↘ (원↘)　　말씀 좀 묻겠습니다 (묻다)

---

- 칭◡원↘, 쩌r↘ 찌→아 상r↘띠↘엔 전◡머 조◡우?

  请问, 这家商店怎么走?

  말씀 좀 물을게요, 이 상점 어떻게 가나요?

- 워◡ 크◢어이◡ 원↘ 니◢ 마?

  我可以问你吗?

  나 너한테 물어도 돼?

- 부◢야↘오 원↘ 라r◡오 실r→,

  니◢ 쯔↘지◢ 시◢앙 이 시◢앙.

  不要问老师, 你自己想一想。

  선생님께 묻(다)지 말고, 너가 생각해 봐.

---

상r↘띠↘엔 商店 shàngdiàn 상점 | 조◡우 走 zǒu 걷다(가다) | 라r◡오 실r→ 老师 lǎoshī 선생님

쯔↘지◢ 自己 zìjǐ 자신 | 시◢앙 이 시◢앙 想一想 xiǎngyixiǎng 생각해 보다

**B:** 워ˇ 씽\왕ˊ 찌\아오 리\리.

我姓王叫丽丽。

제 성은 왕 씨이고 이름은 리리입니다.

---

**TIP!** 중국어로 이름 묻고 답하기!  🔊

---

● **중국어로 이름 묻는 방법**

① 가볍게 물어보거나, 동년배 혹은 아랫사람에게 물어볼 때에는

니ˇ 찌\아오 션ˊ머 밍ˊ쯔? 你叫什么名字? 당신의 이름은 무엇입니까?

② 격식 있는 자리 혹은 대접, 대우해야 하는 상대, 윗사람에게 물어볼 때에는

닌ˊ 꾸\이 씽\? 您贵姓? 당신의 성함이 어떻게 되십니까?

닌ˊ 젼ˇ머 청r→ 후? 您怎么称呼? 당신의 호칭이 무엇입니까?

● **중국어로 이름 대답하는 방법**

① 편하게 말할 때에는

워ˇ 찌\아오 씽→민ˊ. 我叫星民。 내 이름은 성민이야.

워ˇ 찌\아오 찐→씽→민ˊ. 我叫金星民。 내 이름은 김성민이야.

② 격식을 차리거나 윗사람에게 대답할 때에는

워ˇ 씽\ 찐→, 찌\아오 씽→민ˊ. 我姓金, 叫星民。 성은 김 씨이고, 이름은 성민이야.

● **격식을 차리거나 대접해야 하는 상대의 이름과 직급, 직책을 알지 못할 때 부르는 방법**

① 남자일 때, 성을 알 경우에는 성만 붙혀 찐→ 시→엔 셩r 金先生 김 선생님

② 여자일 때, 성을 알 경우에는 성만 붙혀 왕ˊ 뉘ˇ 싈r\ 王女士 왕 여사님

③ 남, 여 모두를 부를 때, 시→엔 셩r먼, 뉘ˇ 싈r\먼 先生们, 女士们 신사 숙녀 여러분

**A:** 닌↗더 쇼r↘우 찌→하↘오 마↗ 실r↘뚜→어 샤r↘오?

您的手机号码是多少?
**당신의 핸드폰 번호는** 어떻게 되나요?

뚜→어 샤r↘오?     얼마?

- 쩌r↘ 찌↘엔 이→f우 뚜→어 샤r↘오 치↗엔?

  这件衣服多少钱?
  **이 옷** 얼마인가요?

- 뚜→어 샤r↘오 치↗엔?

  多少钱?
  **얼마예요?**

- 워↗ 데↘이 시↗에 뚜→어 샤r↘오쯔↘?

  我得写多少字?
  **글자** 얼마나 **적어야 돼?**

**✅ 단어체크**

─────────────────────────────────────
이→f우 衣服 yīfu 옷 | 치↗엔 钱 qián 돈 | 데↘이 得 děi ~해야만 한다 | 시↗에 写 xiě 쓰다 | 쯔↘ 字 zì 글자

저희 호텔에 오신 것을 환영합니다. 무엇을 도와 드릴까요?

欢迎光临，来到我们的酒店。需要什么帮忙？

huānyíngguānglín. láidàowǒmendejiǔdiàn. xūyàoshénmebāngmáng?

---

어제 제가 방 예약했는데, 지금 체크인 가능한가요?

昨天我预订了房间。现在可以登记住宿吗？

zuótiānwǒyùdìnglefángjiān. xiànzàikěyǐdēngjìzhùsùma?

---

말씀 좀 묻겠습니다, 당신의 성함이 무엇입니까?

请问，您贵姓？

qǐngwèn,nínguìxìng?

---

제 성은 왕 씨이고, 이름은 리리입니다.

我姓王叫丽丽。

wǒxìngwángjiàolìlì.

---

당신의 핸드폰 번호는 어떻게 되나요?

您的手机号码是多少？

níndeshǒujīhàomǎshìduōshǎo?

---

**14강**

나 요즘 중국어 배워.

## 1 회화 익히기

**A:** 니 웨이 션r머 메이 티엔 쩌r머 망?

你为什么每天这么忙?

**B:** 워 쭈이 찐 슈에 한위.

我最近学汉语。

**A:** 이치엔 워예 슈에 꾸어 한위.

以前我也学过汉语。

**B:** 쩐r더마? 나 니 찌아오 워바.

真的吗? 那你教我吧。

**A:** 헤이헤이, 딴슬r 워또우왕러.

嘿嘿, 但是我都忘了。

일빵빵 한글로 배우는 중국어 회화 편

| | | |
|---|---|---|
| **A:** 니↘웨↘이 션r↗머 | 메↗이 티→엔 | 쩌r↘머 망↗? |
| 너 왜 | 매일 | 그렇게 바빠? |
| **B:** 워↗쭈↘이 찐↘ | ① 슈↗에 | ② 한↘위↗ |
| 나 요즘 | ② 중국어 | ① 배워 |
| **A:** 이↘치↗엔 위↗예↗ | ① 슈↗에 꾸어 | ② 한↘위↗ |
| 이전에 나도 | ② 중국어 | ① 배운 적 있어 |
| **B:** 쩐r→더마? | 나↘ | 니↘ 찌↘아오 워↗ 바 |
| 진짜? | 그러면 | 너가 나를 가르쳐 줘 |
| **A:** 헤→이 헤→이 | 딴↘실r↘ | 워↗ 또→우 왕↘러 |
| 헤헤 | 근데 | 나 모두 잊어버렸어 |

---

**A:** 니↘ 웨↘이 션r↗머 메↗이 타→엔 쩌↘r머 망↗?

你为什么每天这么忙?

**너 왜 매일 그렇게 바빠?**

웨↘이 션r↗머          왜?

---

• 니↘ 웨↘이 션r↗머 쩌↘r머 쭈↘어?

你为什么这么做?

**너 왜 이렇게 해?**

• 타→ 웨↘이 션r↗머 뿌↘ 넝↗ 라↗이?

他为什么不能来?

**걔 왜 올 수 없어?**

• 니↘ 웨↘이 션r↗머 메↗이 까↘우 쑤 워↘ 아?

你为什么没告诉我啊?

**너 왜 나에게 말 안 했어?**

---

🗹 단어체크

쩌↘r머 这么 zhème 이렇게 | 쭈↘어 做 zuò 하다 | 라↗이 来 lái 오다
까↘우 쑤 告诉 gàosu 말하다 / 알려주다

**B:** 워↗ 쭈↘이 찐↘ 슈↗에 한↘위↘.

我最近学汉语。
나 요즘 중국어 배워.

쭈↘이 찐↘             요즘

---

- 쭈↘이 찐↘ 타↘이 망↗러.

  最近太忙了。
  요즘 너무 바빴어.

- 쭈↘이 찐↘ 션r→티↘ 부↗타↘이 하↘오.

  最近身体不太好。
  요즘 건강이 별로 안 좋아.

- 쭈↘이 찐↘ 꾸↘어 더 젼↘머 양↘?

  最近过的怎么样?
  요즘 어떻게 지내?

🦷 단어체크

타↘이 太 tài 너무 | 션r→티↘ 身体 shēntǐ 신체 / 건강 | 꾸↘어 过 guò (시간을) 보내다
젼↘머 양↘ 怎么样 zěnmeyàng 어떻다, 어떠하다

**A:** 이˅치/엔 위/예˅ 슈/에 꾸어 한˅위˅.

以前我也学过汉语。

이전에 나도 중국어 배운 적 있어.

슈/에

배우다, 학습하다

- 워/ 시˅앙 슈/에 한/위˅.

我想学韩语。

나 한국어 배우고 싶어.

- 워˅ 쩡r˅ 짜˅이 슈/에 시/.

我正在学习。

나 공부하는 중이야.

- 니/ 누˅리˅ 슈/에 시/ 러 마?

你努力学习了吗?

너 열심히 공부했어?

**B:** 쩐r→더마? 나↘ 니↗ 찌↘아오 워↘바.

真的吗? 那你教我吧。

**진짜? 그럼 너가 나를 가르쳐 줘.**

찌↘아오　　　　　　가르치다

- 마→마 찌↘아오 하↗이즈.

  妈妈教孩子。

  **엄마가 아이를 가르치다.**

- 타→ 런r↘쩐→ 더 찌↘아오 워↘러.

  她认真地教我了。

  **그녀는 나에게 착실히 가르쳐 주었다.**

- 니↗ 찌↘아오 션r↗머 크↘어?

  你教什么课?

  **너 무슨 과목 가르쳐?**

**A:** 헤→이 헤→이 , 딴↘실r↘ 워↘ 또→우 왕↘러.

嘿嘿, 但是我都忘了。

헤헤, 근데 나 모두 잊어버(리다)렸어.

왕↘

잊어버리다, 까먹다

- 니↗ 비↗에 왕↘러.

你别忘了。

너 잊어버리지 **마.**

- 워↗ 젼↗머 후↘에이 왕↘찌↘너.

我怎么会忘记呢。

**어떻게 잊어버리(다)겠어.**

- 워↗ 왕↘러 쭈↘어 예↘.

我忘了作业。

**나 숙제 까먹(다)었어. (잊어버렸어.)**

☑ 단어체크

비↗에 别 bié 하지 마라 | 후↘에이 会 huì 할 수 있다 | 쭈↘어 예↘ 作业 zuòyè 숙제

너 왜 매일 그렇게 바빠?

你为什么每天这么忙？

nǐwèishénmeměitiānzhèmemáng?

---

나 요즘 중국어 배워.

我最近学汉语。

wǒzuìjìnxuéhànyǔ.

---

이전에 나도 중국어 배운 적 있어.

以前我也学过汉语。

yǐqiánwǒyěxuéguohànyǔ.

---

진짜? 그럼 너가 나를 가르쳐 줘.

真的吗？那你教我吧。

zhēndema?nànǐjiàowǒba.

---

헤헤, 근데 나 모두 잊어버렸어.

嘿嘿，但是我都忘了。

hēihēi, dànshìwǒdōuwàngle.

---

## 나 중국요리 할 줄 알아.

### 1 회화 익히기

**A:** 워 시앙 츨r 쫑r구어 차이.

我想吃中国菜。

**B:** 워후에이 쭈어 쫑r구어 차이, 워 게이 니 쭈어.

我会做中国菜, 我给你做。

**A:** 와싸이! 니 하오 리 하이.

哇塞! 你好厉害。

**B:** 니 시앙 츨r 션r머 차이?

你想吃什么菜?

**A:** 워 시앙 츨r 마라탕. 니 후에이 마?

我想吃麻辣烫。你会吗?

## 2 문장 쪼개기

· 쪼개진 문장 옆의 숫자를 보고 한글 발음에 맞는 뜻을 알아보세요.

| A: | 워↗ | ① 시↗ 앙 츨r→ | ② 쫑r→구↗어 차↘이 |
|---|---|---|---|
| | 나는 | ② 중국음식 | ① 먹고 싶어 |

| B: | 워↗ | ① 후↘에이 쭈↘어 | ② 쫑r→구↗어 차↘이 |
|---|---|---|---|
| | 나 | ② 중국음식 | ① 만들 수 있어 |

| | ③ 워↗ | ④ 게↗이니↘ | ⑤ 쭈↘어 |
|---|---|---|---|
| | ③ 내가 | ⑤ 만들어 | ④ 줄게 |

| A: | 와→싸↘이! | 니↗ | 하↗오 리↘하이 |
|---|---|---|---|
| | 우와 | 너 | 대단하다 |

| B: | 니↗ | ① 시↗ 앙 ② 츨r→ | ③ 션r↗머 차↘이? |
|---|---|---|---|
| | 너 | ③ 무슨 요리 | ② 먹고 ① 싶어? |

| A: 워↗ ① 시↗ 앙 ② 츨r→ | ③ 마↗라↘탕↘ 니↗ | 후↘에이 마? |
|---|---|---|
| 나 ② 먹고 ① 싶어 | ③ 마라탕 너 | 할 수 있어? |

> **A:** 워↗ 시↗앙 츨r→ 쫑r→구↗어 차↘이.
>
> 我想吃中国菜。
> 나 중국음식 먹(다)고 싶어.

> 츨r→     을 활용한 회화 표현

- 츨r→ 추↘

  吃醋
  **질투하다**

- 츨r→ 징→

  吃惊
  **놀라다**

- 츨r→ 쿠↗

  吃苦
  **고생하다**

- 츨r→ 바↘오러.

  吃饱了。
  **배부르다.**

☑ 단어체크

추↘ 醋 cù 식초 / 질투, 샘 | 징→ 惊 jīng 놀래다 | 쿠↗ 苦 kǔ 쓰다 / 힘들다 / 고생스럽다
바↘오 饱 bǎo 배부르다 / 가득 채우다

**B:** 워↘ 후↘에이 쭈↘어 쫑r→구↗어 차↘이.

워↘ 게↗이 니↗ 쭈↘어더.

我会做中国菜。我给你做的。

**나 중국음식 만들(다) 수 있어. 내가 만들어 줄게.**

쭈↘어                                          하다 / 만들다

- 니↗ 부↗용↘ 쭈↘어.

你不用做。

**너 안 해도 돼.**

- 워↘ 쭈↘어 마↘오 이↘.

我做贸易。

**나는 무역 일을 한다.**

- 니↗ 쭈↘어 러 메↗이?

你做了没?

**너 했어?**

마↘오 이↘ 贸易 màoyì 무역 | 꽁→쭈↘어 工作 gōngzuò 업무, 일 | 메↗이 没 méi ...않다 (메이를 문장 뒤에
사용했을 때에는, 의문문을 나타내는 회화식 표현 방법입니다. *작문할 시에는 사용하면 안 됩니다.

> **A:** 와→싸↘이 니↗ 하↙오 리↘하이.
>
> 哇塞! 你好厉害。
>
> **와! 너 대단하다.**
>
>
> 리↘하이                    대단하다

**TIP!** **칭찬의 표현 방식!**
**중국 사람들은 적극적으로 자기 감정을 표현하는 편인데요. 칭찬할 때에도 인색하지 않고**
**정도의 차이를 주어 칭찬하는 편이에요.**

- **리↘하이** 厉害 lìhai 대단하다 / 무섭다

  **하↙오 리↘하이.** 好厉害。 hǎolìhai. 대단해.

  **쩐r→ 리↘하이.** 真厉害。 zhēnlìhai. 진짜 대단해.

- **빵↘ 棒** bàng (성적이) 좋다 / (수준이) 높다

  **하↙오 빵↘.** 好棒。 hǎobàng. 잘한다.

  **쩐r→더 헌↙ 빵↘.** 真的很棒。 zhēndehěnbàng. 정말 잘한다.

  **타↘이 빵↘ 러.** 太棒了。 tàibàngle. 훌륭해.

- **꾸→아이 乖** guāi 착하다

  **하↙오 꾸→아이.** 好乖。 hǎoguāi. 아이, 착하다~

  **꾸→아이 꾸→아이.** 乖乖。 guāiguāi. 착하지 착하지~

나 중국음식 먹고 싶어.

我想吃中国菜。

wǒxiǎngchīZhōngguócài.

나 중국음식 만들 수 있어. 내가 만들어 줄게.

我会做中国菜。我会给你做的。

wǒhuìzuòZhōngguócài.wǒhuìgěinǐzuòde.

우와! 너 대단하다.

哇塞! 你好厉害。

wāsài! nǐhǎolìhai.

너 무슨 요리 먹고 싶어?

你想吃什么菜?

nǐxiǎngchīshénmecài?

나 마라탕 먹고 싶어. 너 할 수 있어?

我想吃麻辣烫。你会吗?

wǒxiǎngchīmálàtàng.nǐhuìma?

**16강**

## 나 지갑 잃어버(리다)렸어.

### 1 회화 익히기

**A:** 니 젼r머 러?

你怎么了?

**B:** 워 메이요우 치엔 빠오, 하오시앙 워 띠우 치엔 빠오 러.

我没有钱包, 好像我丢钱包了。

**A:** 니 만만 짜이 자r오 이 자r오.

你慢慢再找一找。

**B:** 메이요아, 워 젼r머 빤? 씨엔 찐 션r머더 또우 띠우 러

没有啊, 我怎么办? 现金什么的都丢了。

**A:** 니 비에 딴신. 워 시엔 찌에 게이 니 리앙 바이 쿠아이.

你别担心。我先借给你200百块。

일빵빵 한글로 배우는 중국어 회화 편

| A: | 니/ | 전r/머 러? | |
|---|---|---|---|
| | 너 | 무슨 일이야? | |

| B: | 워↘ | ① 메/이요↗우 <br> ② 치↘엔 빠→오 | ③ 하/오시↘앙 |
|---|---|---|---|
| | 나 | ② 지갑이 ① 없어 | ③ 아무래도 |

| 워↘ ④ 띠→우 | ⑤ 치↘엔 빠→오 | 러 |
|---|---|---|
| 나 ⑤ 지갑 | ④ 잃어버린 것 같아 | (과거를 나타내는 조사) |

| A: | 니↗ | 만↘만 | 짜↘이 <br> 자r↗오 이 자r↗오 |
|---|---|---|---|
| | 너 | 천천히 | 다시 찾아봐 |

| B: | 메/이 요↗아 워↘ <br> 전r↗머 빠↘? | 씨↘엔 찐→ 션r/머더 | 또→우 띠→우 러 |
|---|---|---|---|
| | 없어~ 나 어떡해? | 현금 뭐든지 | 모두 잃어버렸어 |

| A: | 니↗ | ①비/에 | ②딴→신→ |
|---|---|---|---|
| | 너 | ② 걱정 | ① 하지 마 |

| 워↘ ③ 시→엔 | ④찌↘에 <br> 게/이 니↗ | ⑤리/앙 바↘이 쿠↘아이 |
|---|---|---|
| 내가 ③ 우선 | ⑤ 이백 원 | ④ 빌려 줄게 |

---

**A:** 니↗ 졘r⌣머 러?

你怎么了?

너 무슨 일이야?

졘r⌣머 러?     무슨 일이야?

---

- 졘r⌣머 러? 니⌣ 메↗이 쓸r⌵마?

怎么了? 你没事吗?

무슨 일이야? 너 괜찮아?

- 졘r⌣머 러? 니⌣ 짜↘이 슈r→어 이↗삐↘엔.

怎么了? 你再说一遍。

뭐라고? 다시 한 번 말해 봐.

**TIP!**

상대의 말을 이해 못했을 때, 혹은 제대로 듣지 못했을 때 '뭐? 뭐라고?' 이렇게 표현
하는 것처럼 중국어에도 표현 방법이 있는데요. 대부분 한국인들의 오류로 '무엇?'
을 뜻하는 '션r머? 什么? shénme'를 옳은 표현이라 생각하지만, 잘못된 표현입니다!
마치 싸우려는 어감을 풍길 수 있음으로 주의하세요!

📖 단어체크

---

메↗이 쓸r↘ 没事 méishì 괜찮다(일 없다) | 삐↘엔 遍 biàn 번,회 | 이↗삐↘엔 一遍 yíbiàn 한 번

**B:** 워\ 메/이요/우 치/엔 빠→오.

하/오시/앙 워\ 띠→우 치/엔 빠→오 러.

我没有钱包。好像我丢钱包了。

**나 지갑이 없어. 아무래도 나 지갑 잃어버린 것 같아.**

띠→우 　　　　　　　　　잃어버리다

- 니\ 뿌\녕/ 띠→우 칭/뤼\ 찌\에 즐r.

  你不能丢情侣戒指。

  **커플링 잃어버리면 안돼.**

- 니\ 띠→우 야\오 실r 러마?

  你丢钥匙了吗?

  **열쇠 잃어버(리다)렸어?**

- 타→ 띠→우 러 리/엔.

  他丢了脸。

  **그가 망신을 당(하다)했다.**

☑ 단어체크

칭/뤼\ 情侣 qínglǚ 커플 | 찌\에 즐r 戒指 jièzhi 반지 | 야\오 실r 钥匙 yàoshi 열쇠
띠→우 리/엔\ 丢脸 diūliǎn 체면을 잃다

> **A:** 니ˇ 만ˋ만 짜이ˋ 자rˇ오 이 자rˇ오.
>
> 你慢慢再找一找。
> **너 천천히 다시 찾아봐.**
>
> 자rˇ오          찾다

• 워ˇ 자rˇ오 츄r→ 라ˊ이 라!

我找出来啦!
**찾아냈다!**

• 니ˇ 자rˇ오 션rˊ머?

你找什么?
**너 뭐 찾아?**

• 워ˇ 자rˇ오 부ˊ 따ˋ오 치ˊ엔 빠→오러.

我找不到钱包了。
**나 지갑을 찾을 수가 없어.**

**B:** 메↘이요↗아~ 워↗ 전r↘머 빤↘?

씨↘엔 찐→ 션r↗머 더 또→우 띠→우 러.

没有啊~我怎么办? 现金什么的都丢了。

**없어~ 나 어떡해? 현금 뭐든지 모두 잃어버렸어.**

빤↘ ↙ 　　　　　　　　처리하다 / 경영하다
　　　　　　　　　　　　하다

---

• 워↗ 시↙앙 빤↘ 이↘시→에 쇼r↗우 쉬↘.

我想办一些手续。

**몇 가지 수속 좀 처리하고 싶은데요.**

• 빤↘공→실r↘ 짜↘이 날r↗?

办公室在哪儿?

**사무실 어디 있나요?**

• 씨↘엔 짜↘이 메↗이 요↙우 빤↘f아↙.

现在没有办法。

**지금 방법이 없어.**

이↘시→에 一些 yìxiē 몇 가지 | 쇼r↗우 쉬↘ 手续 shǒuxù 수속 | 빤↘f아↙ 办法 bànfǎ 방법

**A:** 니↘비↗에 딴→신→. 워↘시→엔

찌↘에 게↗이 니↘ 리↗앙 바↘이 쿠↘아이.

你别担心。我先借给你200百块。

너 걱정하지 마. 내가 우선 이백 원 빌려 줄게.

찌↘에 　　　　　　 빌리다

- 타→ 바↘ 쯔↘싱↗츠r→어 찌↘에 워↗ 러.

他把自行车借我了。

그는 자전거를 빌려주(다)었다.

- 쉬→야↘오 찌↘에 게↗이 니↘ 치↗엔 마?

需要借给你钱吗?

돈을 빌려 줄(주다)까?

- 니↘ 야↘오 찌↘에 뚜→어 창r↗ 실r↗ 찌→엔?

你要借多长时间?

얼마 동안 빌릴 건가요?

☑ 단어체크

바↘ 把 bǎ ~을, ~를 | 쯔↘싱↗츠r→어 自行车 zìxíngchē 자전거 | 쉬→야↘오 需要 xūyào 필요하다
치↗엔 钱 qián 돈 | 뚜→어 창r↗ 실r↗ 찌→엔 多长时间 duōchángshíjiān 얼마 만에 / 얼마 동안

너 무슨 일이야?

你怎么了?

nǐzěnmele?

나 지갑이 없어. 아무래도 지갑 잃어버린 것 같아.

我没有钱包。好像我丢钱包了。

wǒméiyǒuqiánbāo. hǎoxiǎngwǒdiūqiánbāole.

너 천천히 다시 찾아봐.

你慢慢再找一找。

nǐmànmanzàizhǎoyizhǎo.

없어~ 나 어떡해? 현금 뭐든지 다 잃어버렸어.

没有啊~我怎么办? 现金什么的都丢了。

méiyǒua~wǒzěnmebàn? xiànjīnshénmededōudiūle.

너 걱정 하지마. 내가 우선 이백 원 빌려 줄게.

你别担心。先我借给你200百块。

nǐbiédānxīn. xiānwǒjiègěinǐliǎngbǎikuài.

# 17강

(나를 도와) 문 좀 열어줄래?

## 1 회화 익히기

**A:** 오, 니 전r머 마이 러 쩌r머 뚜어 더 똥 시?

哦, 你怎么买了这么多的东西?

**B:** 니 빵 워 다 카이 먼 바.

你帮我打开门吗。

**A:** 하오 하오, 시아오 신 찐 라이.

好好, 小心进来。

**B:** 씨에시에, 레이 쓰 러.

谢谢, 累死了。

**A:** 니 쯔지 카이 츠r어 라이 러마?

你自己开车来了吗?

---

## ② 문장 쪼개기

· 쪼개진 문장 옆의 숫자를 보고 한글 발음에 맞는 뜻을 알아보세요.

A: 오╱ 니╱ 전r╱머 ① 마╱이 러

어머! 너 어떻게 ② 이렇게

②쩌r╲머 ③ 뚜→어 더 ④ 똥→ 시?

④ 물건을 ③ 많이 ① 샀어?

B: 니╱ 빵╲ 워╱ ①다╲ 카→이 ②먼╱바

너 나를 도와 ② 문 ① 좀 열어줄래?

A: 하╱오 하╱오 시╱아오 신→ 찐╲ 라╱이

알겠어 조심히 들어와

B: 씨╲에시에 레╲ 이 쓰╱러

고마워 피곤해 죽겠다

A: 니╱쩌╲지╱ 카→이 츠r→어 라╱이 러마?

너 스스로(직접) 운전해서 왔어?

141

> **A:** 오↗, 니↗ 쩐r↘머더 마↘이 러 쩌r↘머 뚜→어 똥→시?
>
> 哦, 你怎么买了这么多的东西?
>
> **어머!, 너 어떻게 이렇게 물건을 많이 샀어?**

마↘이                                        사다

- 워↘먼 마↘이 마↘이 마↘이 바.

  我们买买买吧。

  **우리 쇼핑하자.**

- 니↗ 마↘이 부↗따↘오 러마?

  你买不到了吗?

  **못 샀어(사다)?**

- 워↘ 야↘오 마↘이 이↘ 슈r→앙 와↘즈!

  我要买一双袜子!

  **나 양말 한 켤레 살(사다) 거야!**

부↗따↘오 不到 búdào ~하지 못하다 | 야↘오 要 yào 할거야 | 슈r→앙 双 shuāng 켤레 / 쌍

와↘즈 袜子 wàzi 양말

B: 니↘ 빵↘ 워↘ 다↗ 카→이 먼↗ 바.

你帮我打开门吧。

**너 나를 도와 문 좀 열어줄래?**

카→이 　　　　　　열다 / 켜다 / 시작하다

- 타→ 샹r↘죠r→우 카→이 러 f안↘띠↘엔.

  他上周开了饭店。

  **그는 저번 주에 식당을 열(다)었다.**

- 통↗슈↗에 먼 다↘ 카→이 슈r→.

  同学们打开书。

  **학우 여러분, 책 펴세요.**

- 칭↗ 니↗ 카→이 떵→ 이↗싸↘아.

  请你开灯一下。

  **전등 좀 켜(다)주세요.**

🔖 단어체크

**A:** 하↗오 하↗오, 시↘아오 신→ 찐↘ 라↗이.

好好, 小心进来。

**알겠어, 조심히 들어와.**

시↘아오 신→     조심하다

- 니↗ 시↘아오 신→ 디↘ 알r.

你小心点儿。

조심해.

- 시↘아오 신→ 후↗아 다↘오.

小心滑倒。

**미끄러지지 않게 조심해.**

**TIP!**

**시↘아오 신→ 과 같은 의미로 표현 방법 알기!**

너 조심해~ 주의해~ 라는 표현으로 시↘아오 신→ 외에 자주 사용되는 표현 방법이 있는데요. 바로 '주의하다, 조심하다 쭈r↘이↘ 注意 zhùyì' 입니다.

**니↗ 쭈r↘이↘ 안→추↗엔.** 你注意安全。 nǐzhùyì ānquán. 안전 주의해!

📑 단어체크

후↗아 다↘오 滑倒 huádǎo 미끄러지다 | 안→추↗엔 安全 ānquán 안전

**B:** 씨ˋ에시에, 레ˋ이 쓰ˇ러.

谢谢，累死了。
고마워, 피곤해 죽겠다.

레ˋ이                          피곤하다

- 니ˇ 레ˋ이 부 레ˋ이?

  你累不累?
  너 피곤해 안 피곤해?

- 워ˇ 씨ˋ엔 짜ˋ이 타ˋ이 레ˋ이 러.

  我现在太累了。
  나 지금 매우 피곤해.

- 워ˇ 다ˊ싸ˇ오 러 f앙ˊ지→엔, 하ˇ오 레ˋ이 라.

  我打扫了房间，好累啦。
  방을 청소했는데, 피곤하네요.

타ˋ이 太 tài 매우 | 다ˊ싸ˇ오 打扫 dǎsǎo 청소하다 | f앙ˊ지→엔 房间 fángjiān 청소하다

---

**A:** 니↗ 쯔↘지↘ 카→이 츠r→어 라↗이 러마?

你自己开车来了吗?

**너가 스스로(직접) 운전해서 왔어?**

---

카→이 의 여러 회화 표현 방법

---

카→이는 명사 혹은 동사들과 배합하여, 여러 가지 의미로 만들어 사용 가능합니다!

카→이 슈r↗에이 开水 kāishuǐ 물을 끓이다

카→이 꽁→스→ 开公司 kāigōngsī 회사를 개업하다

카→이 예↘ 开业 kāiyè 개업하다

카→이 쉴r↗ 开始 kāishǐ 시작하다

카→이 신→ 开心 kāixīn 기쁘다

카→이 f안↘ 开饭 kāifàn 밥을 하다

카→이 f아→ 피↘아오 开发票 kāifāpiào 영수증을 끊다

카→이 슈↗에 开学 kāixué 개학하다

카→이 추r→앙 후 开窗户 kāichuānghu 창문을 열다

---

어머!, 너 어떻게 이렇게 물건을 많이 샀어?

**哦, 你怎么买了这么多的东西?**

ó, nǐzěnmemǎilezhèmeduōdedōmgxi?

---

너 나를 도와 문 좀 열어줄래?

**你帮我打开门吧。**

nǐbàngwǒdǎkāiménba.

---

알겠어, 조심히 들어와.

**好好, 小心进来。**

hǎohǎo, xiǎoxīnjìnlái.

---

고마워, 피곤해 죽겠다.

**谢谢, 累死了。**

xièxie, lèisǐle.

---

너가 스스로(직접) 운전해서 왔어?

**你自己开车来了吗?**

nǐzìjǐkāichēláilema?

---

# 18강

## 나 시험에 합격했어!

### 1 회화 익히기

**A:** 빠, 마! 워 카오 샹r 러!

爸, 妈! 我考上了!

**B:** 쇼r우 따오 통 즐r 러마?

收到通知了吗?

**A:** 은은, 워 후에이 샹r 따 슈에 아!

嗯嗯, 我会上大学啊!

**B:** 쭈r 흐어 니 카오 샹r 따 슈에!

祝贺你考上大学!

**A:** f에이 창r 간 씨에, 또우 쓸r 니먼더 꽁라오.

非常感谢, 都是你们的功劳。

## ❷ 문장 쪼개기 〔· 쪼개진 문장 옆의 숫자를 보고 한글 발음에 맞는 뜻을 알아보세요.〕

| | | |
|---|---|---|
| **A:** 빠\ 마→ | 워↗ | 카↗오 샹\r 러 |
| 아빠 엄마 | 나 | **시험에 합격했어** |
| **B:** ① 쇼r→우 따\오 | ② 통→즐r→ | ① 러마? |
| | **②통지** | **① 받았어?** |
| **A:** 은→은 | 워\ ① 후\에이 샹r\ | ② 따\ 슈↗에 아 |
| **응응** | 나 | **② 대학교 ① 갈 수 있어** |
| **B:** ① 쭈r\흐\어 | ② 니↘ | ③ 카↘오 샹\ 따\ 슈↗에 |
| **②너** | **③ 대학교 가는 거** | **① 축하해** |
| **A:** f에→이 창r↗ | 간\씨\에 | 또→우 실r\ |
| **매우** | 감사합니다 | **모두** |
| 니↗먼더 | 꽁→라↗오 | |
| 엄마·아빠 (당신들) | 덕분입니다 | |

149

> **A:** 빠ヽ, 마→! 워ノ 카ノ오 샹ヽ 러!
>
> 爸, 妈! 我考上了!
>
> **아빠, 엄마! 나 시험에 합격했어!**

카ノ오                    시험을 보다

- 니ノ 카ノ오 더 전rヽ머 양ヽ?

  你考得怎么样?

  **너 시험 어땠어?**

- 찐→니ノ엔 워ヽ 야ヽ오 찬→찌→아 까→오 카ノ오.

  今年, 我要参加高考。

  **올해 나 대학 입시 봐.**

- 타→ 카ノ오 더 헌ノ차ヽ.

  她考得很差。

  **그녀는 시험을 매우 못 봤다.**

📖 단어체크

찐→니ノ엔 今年 jīnnián 올해 | 찬→찌→아 参加 cānjiā 참가하다 | 까→오 카ノ오 高考 gāokǎo 대학 입시

차ヽ 差 chà 나쁘다 / 표준에 못 미치다

**B:** 쇼r→우 따↘오 통→즐r→ 러마?

收到通知了吗?

**통지 받았어?**

쇼r→우

받다 / 거두어들이다

- 워↗ 쇼r→우 따↘오 야→리↘.

我收到压力。

**나 스트레스 받(다)았어.**

- 시→엔 바↗ 쩌r↘거 쇼r→우 치↗라이.

先把这个收起来。

**우선 이것 좀 치울게요.** (쓰레기를 거두어들이다)

- 니↗ 쇼r→우 요↗우 찌↘엔 러마?

你收邮件了吗?

**메일 받았나요?**

**단어체크**

야→리↘ 压力 yālì 스트레스 | 치↗라↗이 起来 qǐlai (원래의 위치를 떠나) 비키다 / 물러나다 / 일어나다
요↗우 찌↘엔 邮件 yǒujiàn 메일, 우편물

**A:** 은→은! 워↘ 후↘에이 샹r↘ 따↘ 슈↗에 아!

嗯嗯! 我会上大学啊!

**응응! 나 대학교 갈(오르다) 수 있어!**

샹r↘                                    오르다 / 다니다

- 니↗ 샹r↘ 츠r→어 바.

  你上车吧。

  **차에 (올라) 타.**

- 타→ 메↗이 샹r↘ 따↘ 슈↗에.

  他没上大学。

  **그는 대학에 가지 않았다.**

- 워↗ 크↗어이↗ 용↘ 샹r↘왕↗마?

  我可以用上网吗?

  **인터넷 사용할 수 있을까요?**

📖 단어체크

샹r↘왕↗ 上网 shàngwǎng 인터넷을 하다

**B:** 쭈r↘흐↘어 니↗ 카↘오 샹r↘ 따↘ 슈↗에!

祝贺你考上大学!

**너 대학교 가는 거 축하해!**

쭈r↘ 흐↘ 어        (육성으로만) 축하하다

---

- 쭈r↘ 니↘ 셩r─르↘ 쿠↘아이 러↘!

  祝你生日快乐!

  **생일 축하해!**

- 쭈r↘흐↘어 니↘더 청r↗꿍─.

  祝贺你的成功。

  **성공을 축하합니다.**

 **'꿍─시↗'와 '쭈r↘흐↘어'의 차이!**

두 단어 모두 '축하합니다'의 의미를 갖고 있지만, 사용하는 상황이 다릅니다!

꿍─시↗ 恭喜 gōngxǐ + 오로지 결혼, 부자가 되다 할 때만 사용하고,

예) 꿍─시↗ 니↗더 찌↗에 훈─ 恭喜你们的结婚。gōngxǐnǐmendejiéhūn. 결혼을 축하합니다.

쭈r↘흐↘어 祝贺 zhùhè + 축하의 말을 전할 때 사용합니다.

                                                   단어체크

---

셩r─르↘ 生日 shēngrì 생일 | 쿠↘아이러↘ kuàilè 快乐 즐겁다 | 청r↗꿍─ 成功 chénggōng 성공, 성공하다

**A:** f에→이 창r✓ 간✓ 씨에, 또→우 실r✓

니✓먼더 꽁→라✓오.

非常感谢，都是你们的功劳。

매우 감사합니다, 모두 **엄마아빠**(당신들) 덕분입니다.

또→우 실r✓                    모두~이다

• 또→우 실r✓ 워✓더 추✓어.

都是我的错。

모두 **내 잘못**이다.

• 쩌r✓ 또→우 실r✓ 니✓더 마?

这都是你的吗？

**이 것** 모두 **당신** 건가요?

• 또→우 실r✓ 나✓양✓더.

都是那样的。

다 **그런 거죠**.

추✓어 错 cuò 잘못 | 쩌r✓ 这 zhè 이 것 | 나✓양✓ 那样 nàyàng 그렇게

아빠, 엄마! 나 시험에 합격했어!

爸, 妈! 我考上了!

bà, mā! wǒkǎoshàngle!

---

통지 받았어?

收到通知了吗?

shōudàotōngzhīlema?

---

응응! 나 대학교 갈(오르다) 수 있어!

嗯嗯! 我会上大学啊!

ēnen! wǒhuìshàngdàxuéa!

---

너 대학교 가는 거 축하해!

祝贺你考上大学!

zhùhènǐkǎoshàngdàxué!.

---

매우 감사합니다, 모두 엄마아빠(당신들) 덕분입니다.

非常感谢, 都是你们的功劳。

fēichánggǎnxiè, dōushìnǐmendegōngláo.

## 1 회화 익히기

**A:** 리리, 니 지 디엔 씨아 빤?

丽丽, 你几点下班?

**B:** 찐티엔 워 크어녕 후에이 찌아 빤.

今天我可能会加班。

**A:** 야오 츄r리 더 예우 뚜어 마?

要处理的业务多吗?

**B:** 뚜에이. 시앙 쿠아이 후에이 찌아 시우시 시우시.

对。想快回家休息休息。

**A:** 니 간진 츄r리, 후에이 찌아 시우시 이씨아.

你赶紧处理, 回家休息一下。

## 2 문장 쪼개기

· 쪼개진 문장 옆의 숫자를 보고 한글 발음에 맞는 뜻을 알아보세요.

| | | |
|---|---|---|
| **A:** 리\리 니/ <br> 리리 너 | 지/디\엔 <br> 몇 시에 | 씨\아 빤→? <br> **퇴근해?** |
| **B:** 찐→티→엔 워/ <br> **오늘** 나 | 크/어녕/ <br> ①후\에이 <br> **아마도 ②야근** | ②찌→아 빤→ <br> **① 할 것 같아** |
| **A:** ①야\오 <br> ② 처리 | ②츄r리/더 <br> **① 해야 할** | ③예\우\④뚜→어 마? <br> **③ 업무 ④ 많아?** |
| **B:** 뚜\에이 <br> 응 | ①시/앙 <br> | ②쿠\아이 <br> **② 빨리** |
| ③후/에이 찌→아 <br> ③ 집으로 가서 | ④시→우시 시→우시 <br> **④ 쉬고 ① 싶어** | |
| **A:** 니/ <br> 너 | 간/진/ <br> 빨리 | 츄r리/ <br> **처리하고** |
| 후/에이 찌→아 <br> 집으로 가서 | 시→우시 이/씨\아 <br> **쉬어** | |

> **A:** 리\리, 니↗ 지↗디\엔 씨\아 빤→?
>
> 丽丽, 你几点下班?
> **리리, 너 몇 시에 퇴근해?** (끝나다)
>
>
>
> 씨\아 　　　　　　　　　　 내리다 / 끝나다

- 워↙ 깡→차↗이 씨\아 크\어 러.

  我刚才下课了。
  **나 방금 수업** 끝났어.

- 찐→티→엔 후\에이 씨\아 위↙마?

  今天会下雨吗?
  **오늘 비가** 내릴까요?

- 워↙먼 야\오 짜\이 쩌r\ 짠r\ 씨\아 츠r→어.

  我们要在这站下车。
  **우리 이번 역에서** 내릴(내리다) **거야.**

☑ **단어체크**

───────────────────────────────────────────
깡→차↗이 刚才 gāngcái 방금 | 크\어 课 kè 수업 | 위↙ 雨 yǔ 비 | 짠r\ 站 zhàn 역

**B:** 찐→티→엔 워↘ 크↗어넝↗ 후↘에이 찌→아 빤→.

今天我可能会加班。
**오늘 나 아마도 야근할 것 같아.**

크↗어 넝↗          아마도

- 타→ 크↗어 넝↗ 부↗후↘에이 찬→찌→아 완↗후↘에이.

他可能不会参加晚会。
**아마도 그는 파티에 참여하지 않을 거야.**

- 타→ 크↗어 넝↗ 뿌↘ 후↘에이 라↗이.

他可能不会来。
**그는 아마 못 올 것이다.**

- 요↗우 크↗어 넝↗ 헌↘난↗.

有可能很难。
**(아마) 어려울 수도 있어.**

**B:** 뚜＼에이. 시＼앙 쿠＼아이 후／에이 찌→아

시→우시 시→우시.

对。想快回家休息休息。
응. 빨리 집으로 가서 쉬고 싶어.

쿠＼아이            빨리

- 니／ 쿠＼아이 라／이 바.

你快来吧。
너 빨리 와~

- 쿠＼아이 쿠＼아이!

快快!
빨리 빨리!

- 쉴r→f우, 칭／니／ 쿠＼아이 디／알r.

师傅，请你快点儿。
기사님, 좀 빨리 부탁드립니다.

📋 단어체크

쉴r→f우 师傅 shīfu 기사, 사부

**B:** 뚜↘에이. 시↘앙 쿠↘아이 후↗에이 찌→아

시→우시 시→우시.

对。想快回家休息休息。

**응. 빨리 집으로 가서 쉬고 싶어.**

후↗에이                                                돌다 / 돌아가다

• 니↘ 후↗에이 구↗어 러마?

你回国了吗?

**너 귀국 했어?**

• 타→ 메↗이 후↗에이 씬↘.

他没回信。

**그는 답장하지 않았다.**

• 니↘ 후↗에이 다↗ 원↘티↗ 바.

你回答问题吧。

**질문에 대답을 하세요.**

후↗에이 구↗어 回国 huíguó 귀국하다 | 후↗에이 씬↘ 回信 huíxìn 회신하다
후↗에이 다↗ 回答 huídá 대답하다 | 원↘티↗ 问题 wèntí 질문

**A:** 니↘ 간↗진↘ 츄r↗리↘, 후↗에이 찌→아 시→우시
이↗씨↘아바.

你赶紧处理, 回家休息一下。
**너 빨리 처리하고, 집으로 가서 쉬어.**

시→우시 　　　　　　　　 휴식 / 휴식하다

- 씨↘엔 짜↘이 쉴r↘ 시→우시 쉴r↗찌→엔.

  现在是休息时间。
  **지금 휴식 시간이야.**

- 워↗ 부↗후↘에이 시→우시.

  我不会休息。
  **나 못 쉬어.**

- 시→우시 쉴r↘ 짜↘이 날r↗?

  休息室在哪儿?
  **휴게실 어딨어?**

✅ 단어체크

쉴↗찌→엔 时间 shíjiān 시간 | 시→우시 쉴r↘ 休息室 xiūxishì 휴게실

리리, 너 몇 시에 퇴근해? (끝나다)

丽丽, 你几点下班?

Lìli, nǐjǐdiǎnxiàbān?

---

오늘 나 아마도 야근할 것 같아.

今天我可能会加班。

jīntiānwǒkěnénghuìjiābān.

---

처리해야 할 업무가 많아?

要处理的业务多吗?

yàochǔlǐdeyèwùduōma?

---

응. 빨리 집으로 돌아가서 쉬고 싶어.

对。想快回家休息休息。

duì.xiǎngkuàihuíjiāxiūxixiūxi.

---

빨리 처리하고, 집으로 가서 쉬어.

你赶紧处理, 回家休息一下。

nǐgǎnjǐnchǔlǐ, xiūxiyíxià.

---

## 나 오늘 뭐 입지?

---

### 1 회화 익히기

🔊

**A:** 워 찐 티엔 추r안 션r머 이f우?

我今天穿什么衣服?

**B:** 니 요우 션r머 실r 마?

你有什么事吗?

**A:** 찐 티엔 워 요우 위에 후에이, 하오 진 장r아.

今天我有约会, 好紧张啊。

**B:** 나머 니 추r안 리엔이춘, 잉가이 하오 크어아이라.

那么你穿连衣裙, 应该好可爱啦。

**A:** 하오 바!

好吧!

---

## 2 문장 쪼개기 · 쪼개진 문장 옆의 숫자를 보고 한글 발음에 맞는 뜻을 알아보세요.

| A: | 워↗ 찐→티→엔 | ① 추r→안 ② 션r↗머 | ③ 이→f우? |
|---|---|---|---|
| | 나 오늘 | ③ 옷 ② 뭐 | ① 입지? |

| B: | 니↗ | ① 요↗우 ② 션r↗머 | ③ 실r↘마? |
|---|---|---|---|
| | 너 | ② 무슨 ③ 일 | ① 있어? |

| A: | 찐→티→엔 | 워↗ |
|---|---|---|
| | 오늘 | 나 |

| ① 요↗우 | ② 위→에 후↘에이 | ③ 하↗오 진↗장r↗ 아 |
|---|---|---|
| ② 데이트 | ① 있어 | ③ 매우 긴장돼 |

| B: | 나↘머 | 니↗ | ① 추r→안 |
|---|---|---|---|
| | 그러면 | 너 | ② 원피스 |

| ② 리↗엔 이→ 춘↗ | ③ 잉→가→이하↗오 | ④ 크↗어 아↘이라 |
|---|---|---|
| ① 입어 | ③ 반드시 매우 | ④ 귀여 ③ 울 거야 |

| A: | 하↗오 바! |
|---|---|
| | 좋아! |

**A:** 워↘ 찐→티→엔 추r→안 션r╱머 이→f우?

我今天穿什么衣服?

**나 오늘 옷 뭐 입지?**

추r→안　　　　　　　　입다

- 니╱ 추r→안 더 이→f우 타↘이 메╱이 리↘.

  你穿的衣服太美丽。

  **너가 입은 옷 진짜 아름답다.**

- 티→엔 치↘ 하╱오 렁╱, 니╱ 추r→안 와↘이 타↘오 바.

  天气好冷, 你穿外套吧。

  **날씨 추워, 외투 입어.**

- 워╱ 크╱ 어이╱ 실r╱ 추r→안 쩌r↘ 찌↘엔 이→f우 마?

  我可以试穿这件衣服吗?

  **저 이 옷 입어볼 수 있을까요?**

☑ 단어체크

메╱이 리↘ 美丽 měilì 아름답다 | 티→엔 치↘ 天气 tiānqì 날씨 | 렁╱ 冷 léng 춥다
와↘이 타↘오 外套 wàitào 외투 | 실r╱ 试 shì 시도하다

**A:** 찐→티→엔 워/요↗우 위→에 후↘에이,
하↘오 진↘장r↗아.

今天我有约会, 好紧张啊。

오늘 나 데이트 있어, 매우 긴장돼.

진↗장r↗                  긴장하다

- 니↘ 부↗야↘오 진↗장r↗.

你不要紧张。

긴장하지 마.

- 니↘ 웨↘이 션r↗머 쩌r↘머 진↗장r↗러?

你为什么这么紧张了?

너 왜 이렇게 긴장했어?

- 타→ 헌↘ 롱r↗이↘ 진↗장r↗.

她很容易紧张。

그녀는 쉽게 긴장한다.

☑ 단어체크

롱r↗이↘ 容易 róngyì 쉽다 / 하기…쉽다

B: 나\머, 니\ 추r→안 리/엔 이→ 춘\.

잉→가→이 하\오 크\어 아\이라.

那么, 你穿连衣裙。应该好可爱啦。

그러면, 너 원피스 입어. 반드시 매우 귀여울 거야.

잉→가→이 　　반드시 … 할 것이다

- 워\ 잉→가→이 슈/에 시/ 한\위\.

  我应该学习汉语。

  나는 반드시 중국어 공부할 것이다.

- 타→ 잉→가→이 후\에이 찌\더 니\.

  他应该会记得你。

  그는 반드시 너를 기억할 것이다.

- 타→먼 잉→가→이 마\이 러 리/우\.

  他们应该买了礼物。

  그들은 반드시 선물을 샀을 것이다.

📖 단어체크

찌\ 记 jì 기억|리/우\ 礼物 lǐwù 선물

나 오늘 무슨 옷 입지?

我今天穿什么衣服?

wǒjīntiānchuānshénmeyīfu?

너 무슨 일 있어?

你有什么事吗?

nǐyǒushénmeshìma?

오늘 나 데이트 있어, 긴장돼.

今天我有约会, 好紧张啊。

jīntiānwǒyǒuyuēhuì,hǎojǐnzhǎnga.

그러면, 너 원피스 입어. 반드시 매우 귀여울 거야.

那么, 你穿连衣裙。应该好可爱啦。

nàme,nǐchuānliányīqún.yīnggāihǎokěàila.

좋아!

好吧!

hǎoba!